农业众筹实战案例

NONGYE ZHONGCHOU SHIZHAN ANLI

李华 王兆怡 李阳 韦怡廷 吴凡 著

中国农业出版社
北 京

图书在版编目（CIP）数据

农业众筹实战案例／李华等著．—北京：中国农
业出版社，2019.6
ISBN 978-7-109-25522-7

Ⅰ．①农… Ⅱ．①李… Ⅲ．①农业金融－融资模式－
研究 Ⅳ．①F830.34

中国版本图书馆 CIP 数据核字（2019）第 095800 号

中国农业出版社出版
（北京市朝阳区麦子店街 18 号楼）
（邮政编码 100125）
责任编辑 姚 红

北京中兴印刷有限公司印刷 新华书店北京发行所发行
2019 年 6 月第 1 版 2019 年 6 月北京第 1 次印刷

开本：720mm×960mm 1/16 印张：10.25
字数：200 千字
定价：38.00 元
（凡本版图书出现印刷、装订错误，请向出版社发行部调换）

FOREWORD 前言

　　2019 年的中央 1 号文件继续将重点放在"三农"工作上，提出坚持农业农村优先发展的总方针，对乡村振兴战略做出进一步的部署，这也是中央 1 号文件连续 16 年关注"三农"问题，充分显示党和政府高度重视"三农"问题。众筹作为互联网金融的重要发展模式之一，农业众筹又是众筹开拓的重要板块，农业众筹还是农业与农村金融的一个创新点。实践证明，农业众筹在解决中小农业企业融资难的问题上发挥着不可替代的作用，而当前我国农业众筹发展过程中存在诸多问题和阻碍因素，因此对我国农业众筹开展学术研究具有十分重要的理论意义和现实意义。

　　本书分为上、下两篇。上篇主要介绍众筹和农业众筹的基本知识和相关理论，包括众筹产生的背景、发展现状以及发展模式，这也是每一位众筹从业者所需要掌握的基础。接下来从实战的角度切入，对有意向通过农业众筹进行融资的人们或企业从如何找众筹平台、如何撰写农业众筹项目书、农业众筹运作流程、农业众筹环节以及如何防范风险等方面进行引导，为其顺利开展农业众筹提供实用性帮助。下篇主要选取我国典型的农业众筹案例，按照众筹产品所属行业划分为种植业、养殖业、休闲农业、休闲农庄、田园综合体、农业产业园、食品加工，还按照农业众筹类型划分为股权众筹、权益众筹和公益众筹，每种类型都选取了一些具有代表性的农业众筹案例进行深入分析。

　　感谢北京新农村建设研究基地、家禽产业技术体系北京市创新团队专项（BAIC04—2018）、2019 年北京农学院学位与研究生教育改革与发展项目的资助。感谢北京农学院经济管理学院领导及所有同事的关心和支持。感谢王兆怡、李阳、韦怡廷、吴凡、詹玲慧、雷进等同学所做的资料收集和整理编写工作。

希望本书的出版对加强农业众筹学术研究起到积极的推动作用，同时也希望本书对我国农业众筹行业的发展以及农业众筹从业者和参与者起到一定的实践指导作用。由于参编人员研究水平和专业知识水平有限，书中难免有疏漏之处，恳请相关领域专家学者及广大读者朋友批评指正，以便我们完善和提升项目后期的研究工作，在此真诚地向您表示感谢！

著　者

2019 年 3 月

CONTENTS 目　录

前言

上篇　国内外农业众筹概论

上 篇
SHANGPIAN

国内外农业众筹概论
GUONEIWAI NONGYE ZHONGCHOU GAILUN

第 一 章

众筹产生的背景

众筹这个词起源于 crowdfunding，即大众筹资或者群众筹资。它具体指的是由企业或者个人作为项目的发起人，在相关的众筹平台上发布自己的产品和创意来吸引投资者进行投资，从而筹集到发起人所需要资金的一种新型筹资模式。众筹作为现阶段一种新型的融资方式，为传统的商业融资模式带来了新的突破和发展。

一、众筹的起源

众筹这种经济形式起源于国外。2006 年，德国创办的 Sellaband 音乐网站是最早的众筹模式实践。2007 年，由美国建立著名的众筹网站 Kickstarter，它不仅在更大范围推广众筹，让更多人了解众筹，而且使得更多的消费者参与到众筹之中。曾江洪利用扎根理论实证分析了众筹参与者的感知价值，他认为众筹具有区别于传统网络购物的体验价值，可以让顾客参与互动、提供有效建议、推广项目产品，并与项目共同成长。

中国最早的众筹平台"点名时间"于 2011 年 7 月上线，被称为"中国的Kickstarter"。在中国市场，随着互联网金融的快速发展，众筹利用互联网和SNS 传播的特性使得人们进行融资的选择性更加丰富，同时也为我国的中小企业和个人带来了展示自己的机会，获得所需要的资金援助，赢得更多的发展机遇。相对于传统的融资方式，众筹更为开放，能否获得资金，项目的商业价值不再是唯一标准。在国内，近几年兴起的众筹模式中，各大电子商务平台也加入进来，为中国众筹做出了贡献，并在互联网经济中发挥了重要作用。同时，众筹平台发挥了有效激活创业市场，加快商业模式创新的作用。在互联网模式下，众筹正在逐渐壮大，并且在不久的将来会发挥出更大的力量。

不仅如此，从众筹动机角度分析发起人和支持者，Gerber 认为通过社交网络，众筹不但可以具有大范围的推广商品的营销属性，而且能够通过网络平台加强支持者的体验感。众筹模式与互联网金融未来发展的宗旨不谋而合，目的就是让人和项目可以直接接触资本。众筹模式的构成较为简单，主要由三个方面构成，即筹资者（发起人）、众筹平台、投资者（参与者）。众筹模式的出现，让那些虽然缺乏启动资金但是具有创新思维的人在众筹平台上募集投资，如今众筹并不限于此，具有更加丰富多彩的金融属性。正如 Amara Myriam 认为的那样，产品获得社会认可是众筹的重要特征之一，通过社交网络的参与互动，参与者获得成就感。

二、众筹的模式

众筹已经衍生出多种模式，学界提出了九个众筹的商业模型，包括捐赠众筹、奖励众筹、售前众筹、社会贷款众筹、收益分享众筹、股权众筹、同行贷款众筹、借贷众筹、混合模式等。奖励式众筹是最为简单的众筹方式。一般来说，通过预付款来积攒顾客，在产品生产前先推广众筹，让感兴趣的顾客先付款然后再根据需要量而生产，从而保证销售量。这种投资者进行无偿捐赠的公益性众筹方法，在企业与商业之中却是不太常见的类型。股权式众筹是投资送股权的方式，这种众筹方式需要每个人都要为此承担一定的风险，若承受风险能力很低是不适合做这种众筹的。借贷众筹类型较为常见，其本质就是借贷型的投资方式。这种方式也要慎重，要遵守法律规则，切不可非法集资，违法犯罪。实际上，众筹这种互联网金融模式已经在海外市场上流行，但在中国却仍处于起步阶段。

众筹是互联网快速发展的一种新融资模式，这意味着众筹将要面临着巨大的机遇和挑战。相对政府而言，众筹可以解决初创企业和小微企业的融资问题；相对社会而言，众筹不仅可以促进经济发展，也可以促进社会创新；相对业界而言，众筹虽然是一个巨大的蛋糕，但也会造成竞争格局的起伏变化；相对个人而言，众筹帮助公众解决资金财务压力，实现创业梦想。近年来，众筹在我国发展迅速，其中以回报式众筹居多。目前，这些众筹平台还处于起步阶段，在未来有着较大的发展空间。

王学言在《国内众筹平台众筹成功的影响因素实证研究——基于"淘宝众筹""人人投""众筹网"实证分析》中提到，截至 2018 年 4 月底，全国各类型正常运营的众筹平台总计 191 家，其中奖励众筹平台数继续位居榜首，达 93 家；其次是非公开股权融资平台，为 63 家；混合众筹平台有 25 家；公益众筹平台仍然为小众类型，仅有 10 家。2018 年 4 月，众筹行业共成功项目 5 806 个，较 2018 年 3 月环比上升 47.59%。全国众筹行业共成功筹资 24.45 亿元，其中奖励众筹筹资金额为最多，达 21.75 亿元，2018 年 4 月筹资金额在所有众筹平台居前三名的平台类型均为奖励众筹平台。目前奖励型众筹项目在几种众筹模式中发展最好，它为文化创意产业发展提供了极大的帮助，推动了资金流动和社会进步，实现了社会资源的合理配置。

三、众筹的相关研究

目前，从国内外学者的研究文献来看，对于众筹的研究大多还停留在众筹成功的决定因素、参与者的动机、众筹风险监管等领域等方面，关于农业众筹方面的研究却不是很多。位东等人在《基于众筹理念探索传统零售模式的变革路径》一文中，基于权益众筹平台的数据分析，结合当下众筹行业的热门细分领域，对权益型项目进行分类，主要分出了六大类别：农业、科技、音乐、影视、实体店铺和出版。据不完全统计，2016 年共有权益型项目 20 765 个，其中六大类别项目总数为 10 949 个，占比 52.73%。从项目总数上看，农业众筹排名第一，但从成功率、成功项目已筹金额和成功项目支持人次三个指标上看，科技型众筹似乎更加受到市场的青睐。他认为如今消费市场更加注重体验感，参与新型科技产品的制作是每个支持者的向往，也论证了众筹具有促进大众创新的效果。

我国属于农业大国，农业人口居多，而且多数山区交通不畅，农业产品受季节性因素影响较大，众筹这种新型的金融渠道，不仅能够筹集到生产所需资金，并且因"需"而"种"，既可以满足市场需求，又能畅通农业产品销售渠道。由此可见，众筹理念虽然逐渐深入不同领域，但农业众筹的需求更大，更值得我们给予更多的关注与研究。

近些年，新业态已经成为农业领域的一大热门。休闲农业、创意农业、订单农业、"互联网＋农业"、众筹农业、智慧农业、阳台农业等各种新词让人眼花缭乱，众筹农业越来越受到广泛关注。那么，什么是农业众筹？农业众筹被解释为一种新型筹资模式，资金由消费者筹集，农户按照订单决定生产，农产品在作物成熟后直接送达到消费者手中。

四、农业众筹

农业众筹起源于美国，代表案例是 Fquare 和 Agfunder。Fquare 的模式是建立一个垂直的土地流转平台，用户通过购买选定的某区域的某块土地的股票间接拥有一片土地。土地由 Peoples Realty Company LLC（PRC）公司代持及管理，PRC 公司将土地租赁给当地社区的农民，并代收租金。投资者可在二级市场出售自己的股票。Agfunder 的模式更"轻"一点，致力于提供一个项目和投资者对接的平台，不过仅限与农业相关的项目。

近年来，互联网农业和互联网金融的发展为农业融资形式不断创新和发展提供了可能，"农业众筹"就是"互联网＋"时代下的农业融资新形式。随着农业众筹的兴起，"农业众筹＋"模式的发展，其被应用到农业产业的各个方面，例如畜牧产品众筹、家禽产品众筹、果蔬产品众筹、休闲农业项目众筹、乡村旅游项目众筹、扶贫众筹等。农业众筹不仅优化了农业融资环境，而且进一步释放了农业资本的活力，促进了农业现代化的发展。作为一种新的农业融资形式，农业众筹受到国家和社会公众的普遍重视。飞速发展的互联网金融催生出了众筹模式，众筹无疑是互联网金融的重要发展模式之一，农业众筹作为众筹发展的重要领域，自身具有明显的独特性和复杂性，其在"互联网＋"时代中也面临着诸多的发展机遇和挑战。

农业众筹在国内的前景应该比它的发源地更受人欢迎。据农业众筹平台统计，在多个众筹平台上发布的农产品众筹的成功率超过84％。

农业众筹与传统的融资方式相比，其具有投资指向性强、信息透明、渠道广泛等特性。我国政府先后颁布了一系列关于农户土地承包权流转、家庭农场、农垦、农村电子商务等领域深入改革发展的规范性文件，这些文件为农业众筹的发展构建了良好的制度环境。在全民创新创业的背景下，农业众筹发展尤为迅猛，以"绿色健康""生态有机"为特色的"大家种""有机有利""尝鲜众筹"等网络平台发展如火如荼。然而，根据《2016 年中国农业众筹发展研究报告》的数据显示，农业众筹平台数、项目发布数、项目成功率等指标与2015 年相比均有大幅下降，其在蓬勃发展后逐渐进入瓶颈期。究其原因，主要有三点：一是作为项目发起人的生产者金融投资知识匮乏，文化程度普遍不高，合作意识不够，因而缺乏对平台严苛的风险控制流程的理解；二是农业众筹认知度低，加之现有的农产品众筹属于高端小众需求，绿色食品成本高、风险大，同时考虑到可支配收入等原因，导致潜在投资者数量有限；三是项目质量信息不对称，农产品众筹常以绿色健康为特色，但投资者和平台均无法对农产品的生产全程进行有效监控，在食品安全事件危机时有发生的背景下，投资者对农产品的安全性难以做到完全信任。

农业众筹相关理论的研究在国内外都还处在探索研究阶段，基于国内外学者对农业众筹开展的研究，本书着重研究农业众筹风险及其防范，以补充此领域研究的缺口，丰富互联网金融内涵，完善和发展互联网金融风险理论。分析和评估农业集资风险，分析农业集资利益相关者面临的风险，既可以指导农业众筹支持者进行理性投资，又可以提高农业众筹平台和项目发起者及其项目的标准化建设与审查水平。

第二章

国外农业众筹现状

一、国外农业众筹的政策环境

从全球范围看，在金融体系成熟、经济发达的国家（地区），众筹融资模式发展迅速，并逐步建立了相关监管规则。

（一）美国

众筹概念兴起于美国，其著名平台 Kickstarter 和 Indiegogo 的扩张和兴盛，间接推动了其他国家众筹行业的发展。美国也是世界上最早通过立法的形式承认众筹合法性的国家，2012 年 4 月，奥巴马政府颁布了《创业企业扶助法》（JOBS 法案），该法案确立了作为一种新型金融中介的股权众筹平台的合法性，更方便融资，并改革了对新兴成长企业（EGC）在小额、私募及众筹等方面的注册豁免制度。众筹平台作为合法的新型金融中介在《JOBS 法案》中的确定，进一步完善了对门户网站、中介机构和筹款实体的筹资规则。定义了众筹平台的基本权利和义务，是众筹领域最成熟的法律，对其他国家的众筹监管规划具有重要的参考价值和启示。

1. 针对股权众筹平台

《JOBS 法案》在众筹平台的豁免方面规定证券发行机构（包括所有由证券发行机构直接控制或共同控制的实体）可以通过公众集资进行证券发行或销售，但发行机构必须为经纪公司或集资门户，并重申了股权众筹网站作为集资门户的一个具体形态，因此获得法律地位。与此同时，"融资门户"在《1934年证券交易法》第三修正案中具有有限的豁免权，使得众筹平台不被注册为证券经纪人或证券交易商。

在对众筹平台的限制中，虽然该法案在一定程度上放宽了股权众筹平台的准入条件，但 SEC（美国证券交易委员会）、执法部门等规则制定部门仍负责对平台的监管。据《1934年证券交易法》第 15A 条，平台需要注册为国家证券交易所协会会员成员，目前，美国国家证券交易协会只有一个 FINRA，因此众筹平台必须在 FINRA 注册。

2. 针对融资机构

在融资额度上，《JOBS 法案》对融资机构通过股权众筹平台进行筹资的总额做了限制，要求不超过 100 万美元，包括交易发生前 12 个月内以及与豁免权相关联的所有交易金额。对众筹资格方面规定，仅在美国成立的企业适用众筹条款，且不包括投资基金公司。美国证券交易委员会建议把没有特定业务计划的公司或者以收购其他组织为业务计划的公司排除在外。

3. 针对投资者

法案在对投资者的保护上主要体现在以下几个方面：首先是平台必须对投资者给予足够的风险提示，其中包括明确投资者已经了解所有投资存在损失的风险，并且投资者能够承担投资损失；对投资者进行问卷调查，表明其了解初创企业（证券发行机构）的基本风险；审查投资者信息时，应根据交易委员会的适当规则进行审查。其次是平台和发行人有义务披露交易信息，包括发行人的招股说明书；严格审查该平台的财务报表和其他文件。此外还要建立小额投资者保护机制和允许投资者在特定的条件下转售众筹证券。

此外，从传统投资者的保护角度来看，《JOBS 法案》对众筹发行人的信息披露也有一定的要求，相比于传统的注册要求，当然是大幅度减少，但在不需要经过监管机构的审阅的同时，也使信息披露内容的完整性和可靠性大为降低。因此，《JOBS 法案》创设了一类新的证券中介机构——集资平台，将监控职责落在集资平台上，这在某种程度上发挥了市场作用。因为集资平台有动力减少欺诈发行，以获得良好的声誉，由此在市场竞争中胜出。同时，法案对虚假陈述行为设置了严格的法律责任，采用加重事后责任的方式以平衡事前监管水平的降低。但这一新的便利企业融资和投资者保护的平衡能否达成，仍然需要实践的检验。

《JOBS 法案》对众筹在全球的发展产生了巨大的推动和指导性作用，众筹融资具有传统融资模式无法比拟的特点被再一次显现出来。众筹融资通过互联网使融资方与投资方建立沟通渠道，摆脱了传统融资的一系列限制，投资主体的构成极大扩展，使得公共投资成为可能，并改善了融资效率，融资的成本逐步降低，为鼓励创新和创造性项目的发展提供了有利的机会。

（二）英国

英国已经把众筹纳入现行金融监管框架下，明确了对各类众筹的规定，尤其是在股权众筹领域，包括非专业投资者的资格分区和取消独立审批制度。在强调行业自律的前提下放松整体监管。

1. 针对众筹平台

英国金融行为监管局（FCA）要求注册众筹平台，在获得 FCA 许可情况下才能通过互联网或其他方式向合格的投资者出售非货币化证券。另外，FCA 要求"受监管活动"（regulated activities）不得由股权众筹平台提供，仅提供辅助服务，如果平台提供的说明符合投资建议，例如星级、最佳投资评级等，就需要向 FCA 申请投资咨询机构的授权。

2. 针对融资机构

英国分析公司并没有强制股东限制众筹，但英国已下令封闭的公司严禁公开发行股票，实际上这些股票仅限于开放式公司进行股权众筹。在融资额度方面，英国不限制股权众筹发行者募集的资金数量，但招股说明书或其他披露文件不允许由发行者根据募集的资金数量发行。

3. 针对投资者

在投资者的身份限制方面：英国众筹监管规则的一个重要部分是投资者资格。在英国，只有成熟的投资者和特定类型的普通投资者才能进行股权众筹。FCA 要求相关的公司通过众筹平台（或者其他媒体）直接推广报价，应当仅向以下投资者出售非上市证券：专业投资者；具有丰富风险投资经验的零售客户；被认定为高净值投资者的零售客户；认证或自我认定为成熟投资者。除此之外，对于散户投资者，在接受投资促销时，有必要确认他们将获得授权人的授权投资建议和投资管理的服务；需要证明的是，投资非上市股票和债券时，为保证投资（失败）不会影响基本生活条件，养老金、人寿保险的投资金额不得超过可投资金融资产的 10%。在对投资者保护方面，英国对适应性评估、投资者风险预警、信息披露和尽职调查有相应要求。

适应性评估：FCA 建议所有众筹平台在向散户投资者推广非上市证券前，为确保参与投资的投资者具备感知风险的能力，应按照《商业行为准则》（COBS）第 10 章的规定对其进行适用性测试。众筹平台可将客户认证和适用性评估结合为一体，但为符合规定，这必须是促销前的一个流程。

在对投资者风险警告方面：FCA 要求对产品和客户承诺相关的风险需要直截了当，清晰明确。FCA 认为应该针对不同的环境、不同的产品和不同的投资者提供不同的风险警示。单一、标准、官方的风险警告毫无意义。

在信息披露与尽职调查方面：FCA 表示现有的金融产品推广和披露指南仍然适用。必须保证平台事实和批准的产品促销数量符合相关规则，尤其是确保满足公平、明确和无误导性的要求。此外，FCA 希望该平台能够提供诸如是否对投资公司进行尽职调查，尽职调查的程度和分析出的结论等充足的细节，来平衡风险与收益指标，以满足金融产品的促销规则。当产品与公司投资计划具有相关性或与种子企业投资计划存在相关性时，FCA 希望平台能够根据不同的客户情况来阐明税务处理和未来可能发生的变化。

（三）加拿大

1. 针对众筹平台

目前，除安大略省外，加拿大注册交易商可免于提交招股说明书，通过互联网向公众出售证券。豁免市场交易员（EMD）是股权众筹活动的主要注册交易商。而安大略省的众筹提案则要求股权众筹平台注册需要为限制交易商。

2. 针对融资机构

2015 年 5 月，为众筹融资能在加拿大初创企业中得到有效推广，政府实施"注册和招股说明书豁免"规则，在融资机构豁免魁北克等 6 个省的证券监管措施出台。豁免规则要求众筹公司只需要以规定的格式提交一份包括有关公司的基本信息、管理和融资信息、风险因素、如何使用筹集的资金以及最低流通量的"启动文件"。

发起结束后，"启动文件"必须和"豁免众筹"报告一并提交给地区的证券监管机构。这些规则只适用于此前从未招股的发起公司，对证券的持有期限并无限制，但只能在另一份招股章程豁免中通过邀约撤回，或在企业发售后 4 个月内转售。安大略省的合格股东必须在加拿大，总部设在加拿大，大多数董事必须是加拿大居民。

就魁北克等 6 省的融资额度而言，赞助公司筹集的资金总额不得超过 25 万加元，并在每个自然年只能使用两项免税众筹规则。对于安大略省来说，在 12 个月内，"发行人集团"通过股权众筹筹集资金的限额为 150 万加元。"发行人集团"包括发行人、发行人子公司以及任何与发行人从事共同事业的附属公司的发行人。

3. 针对投资者

投资者有权撤资，且退还款项必须在收到投资者通知后的 5 个工作日由众筹平台退回。此外，当魁北克省等 6 个省份使用豁免规则时，每个投资者的投资限额为 1 500 加元。安大略省建议投资者对每个发行人的投资不超过 2 500 加元，且对所有股权发行人的投资一年不超过 1 万加元。

（四）日本

日本的众筹受《金融商品交易法》的限制，该法案要求众筹平台运营商严格遵守法规。2014 年 5 月通过的《金融商品交易法等部分修改法案》，在一定程度上降低了股权众筹平台的准入门槛。

1. 针对股权众筹平台

《金融商品交易法等部分修改法案》提出了两个特殊的使用案例，并建立了微额发放豁免制度。修改法案将通过互联网公开发行或私募证券定义为"电子筹集加工业务"，小规模股权众筹机构被定义为特殊黄金业务，不需要按照《金融商品交易法》的规定进行注册。该法案还规定，对于仅发行总额不到1亿日元、人均投资不超过50万日元的小企业的金融贸易公司，不设置并行业务的限制，并将最低注册资金标准降低。其中促进股票的第一类金融商品交易从业者的最低资本从5 000万日元降至1 000万日元，营销基金的第二类金融商品交易从业者的最低资本从1 000万日元降至500万日元。

2. 针对融资企业

新修订法案还对非上市股份的交易规则进行了修改，股票在交易所上市之前，在有限范围内，一般投资者的交易不受内幕交易规则的约束，可以使用股票交易的自助规则，由此，非上市企业的负担减轻了。

3. 针对投资者

针对投资者保护方面，新修改法案进行了完善。众筹贸易从业者应通过网络进行适当的信息披露以减少众筹中的欺诈行为，改善信贷机制，对初创企业也有义务进行尽职调查。

（五）欧洲其他国家

众筹融资的发展是全球性的，欧洲国家也已经开始关注并积极应对。众筹融资已被广泛接受为欧洲新的融资模式，并且正在制定一个协作统一的监管框架。除此之外，在众筹风险管理领域，欧盟一些国家采取了不同的对策来避免相关规则的不确定性和模糊性，积极进行监督。葡萄牙于2011年9月28日组织了一次国际会议，致力于众筹。应对未来众筹趋势的指导方针于2011年11月18日由欧洲发展协会（European Association of Development Agencies）提出。欧盟委员会于2013年发布了有关欧盟整体融资的监管路径的《众筹融资在欧盟——发掘欧盟行动的潜在附加值》和《释放众筹融资在欧盟的潜能》等文件。

然而，随着近年来"欧盟扩张"计划的推进，许多经济欠发达国家已被纳入欧盟。不同国家不一致的经济发展进程导致各国众筹发展水平不同，这导致了各国对众筹的不同态度，对众筹监管的进程也有很大差别。

以德国为例，德国目前的众筹立法仍在协商过程中，众筹监管规定不明确，仅对现有的规则进行了一部分的调整，呈现观望的态度。与德国不同，早在 2012 年，意大利《成长法令Ⅱ第 221 号（2012）》的出台对众筹平台做出了有关明确规定。公布了众筹平台注册的法律途径，提出了全新的注册制度，并认定了意大利证券交易委员会在众筹平台注册方面的独特性；2013 年意大利颁布了《关于创新初创企业通过网络平台筹集风险资本的规定》，规范了众筹平台登记表、注册标准和服务范围，规范了平台所有者的权利与责任。

虽然目前欧盟国家在众筹监管方面存在很大差异，但伴随"欧洲众筹参与者论坛"的成立，欧盟委员会正在全力推动对整个欧盟众筹市场的监管。高级专家组由相关官员和学者组成，为众筹监督提供信息咨询和法律监督。由此可见，未来欧盟国家众筹监管将逐渐发展强大，进而形成内部统一标准。

二、国外农业众筹的发展现状

（一）国外农业众筹的发展历史

众筹经济在国外很早就开始了。早在 2006 年，德国对众筹模式的探索从 Sellaband 音乐网站而开始。美国众筹网站 Kickstarter 于 2007 年建立，使众筹在消费者中的推广更加广泛，让更多人知道了众筹并且能够人人都参与其中。

农业众筹作为众筹的一个重要的形式，起源于美国。据数据显示，截至 2015 年 12 月，国外众筹项目数量居首位的是美国，共成功融资 19 688 个项目；其次是英国，共成功融资 4 085 个项目；加拿大位居第三，共成功融资 1 754个项目。随后是澳大利亚、德国、法国，这三个国家的融资项目数量差距不大，分别是 449 个、356 个以及 324 个。从整体规模来看，2015 年，在世界范围内，股权众筹总规模达到 25 亿美元，产品型和捐助型（公益型）众筹合计规模达到 55 亿美元。

美国的股权众筹领域在农业众筹平台上已经具备了一定的规模和成就，这与美国具有成熟完善的直接融资体系和相对宽松的私募股权和公开发行法律法规有着很大的关系。尤其是当时的美国总统巴拉克·奥巴马（Barack Obama）在 2012 年签署了《创业企业扶助法》（JOBS 法案），私人广告禁令被取消，美国扩大了私人众筹的范围，允许使用"公共诱导或广告"对合格投资者进行证券发行，美国农业股权众筹的环境变得更加轻松。向合格投资者发行证券允许使用"公众诱导或广告"，使美国实现了较为自由的农业股权众筹环境。

奥巴马总统于 2012 年签署了《JOBS 法案》，这使得以股权为基础的众筹成为一种法律实践。允许美国公众投资他们信任的企业或本地企业。《JOBS 法案》明确了众筹平台作为融资中介的合法性，保护了投资者的利益和开放股权众筹。出资人备案的完善，在放宽对中小企业和初创企业的监管方面做出了相关规定，创造了更多的就业机会。国内众筹融资和非法集资仅相差一条线。众筹融资的目的并不是为了吸收公共存款，而是为了支持实体经济的发展。因此，完善众筹法律制度，促进中国众筹平台的进一步发展，对于最终解决中小企业融资困难具有长远意义。

（二）国外农业众筹分类

经过许多年的建设，国外的农业众筹已经形成了一个比较完整的体系，覆盖农业生产和与之相关的农业流程。

国外的农业众筹项目主要是在综合类众筹平台和专业类农业众筹平台进行融资。众筹模式主要分为三种类型：综合众筹平台模型、农地流转众筹模型和股权融资众筹模型。

最佳的综合众筹平台模型是美国的 Kickstarter 公司。它是世界上最大的众筹公司，在平台上提供 15 类项目。专业农业众筹项目被分配到"食品类"。平台目前共有 472 个在线项目，主要集中在智能视频电子、厨房配方和餐饮供应，但与初级农产品没有直接关系。

农场土地流通众筹模式，也有很多的运行模式。其中最具代表性的就是美国的 Fquare 公司，它是通过土地的流转实现农户和农场的筹资要求的模式。现在的城市人往往都向往田园的生活方式，但是却没有时间或者精力长期生活在农村，于是出现了一种城市人在农村购买或租用一片土地（或者所有权），并通过农民统一管理，土地上的作物归出资人所有的模式。这种模式多年前在国内就已经实现，Fquare 公司所展开的业务与之类似。

Fquare 公司建立了世界上第一个土地投资众筹平台。农民和农场在众筹平台上出售和众筹土地。土地的价格是每平方英尺的价格，并根据当期的市场价格定价。投资者通过购买土地股票间接拥有一块土地，并连续 20 年获得每年 4.6% 的租金和利息。Fquare 作为一个服务平台，主要负责为土地股票提供二手交易平台，提供土地流转信息和中介服务，向投资者收取月租金。业务费用是平台的主要收入来源：土地股份购置费为 5.9%，土地股份出让金为 2.9%，土地管理费为每年 0.5%。这种以股票形式进行土地交易的方式在很大程度上改善了农民和农地的出售条件，促进了土地的转让，并为农民和农场提供了土地项目的资金。对投资者而言，耕地稀缺必然会导致土地价格上涨。在 Fquare 这个平台上，土地转让和交易因土地流转的化整为零而变得更加容易。同时，平台提供的售后和回租业务，保证土地流转不被遗弃。

最后一种重要的农业众筹模式是股权融资众筹模式。Agfunder 是一家专业的众筹平台，致力于为与农业相关的项目和投资者提供一个良好的连接。例如，农场管理系统公司"OnFarm"已经成功地从 Agfunder 上筹集了 89 万美元的种子投资，Agfunder 通过对项目进行审查和赞助，项目发布，投资和合规来完成融资。Agfunder 是世界上为数不多的有股票和债券融资的农业众筹平台之一。农业生物技术、农业机器人、精准农业技术和能源等高科技领域是其主要的投资项目。项目采用了先进的投资者制度，主要投资机构有：天使投资、经纪公司、机构投资、专业风险投资、投资银行，并跟进投资方案。投资项目的筛选是农业专家委员会的职责，其次是技术、业务和风险评估，最终将产生不到 5％的 Agfunder 平台融资申请。在项目筛选的过程中，股权融资项目退出机制的设计和考虑是最重要的，公司出售、首次公开发行、机构投资和股票分红是主要的退出方式。Awhere 公司是一家为农场、农民和农业分销商提供气候情报分析信息和大数据服务的公司，已成功募集到 700 万美元资金，并赢得了公司的启动资金。

第三章

国内农业众筹现状

一、农业众筹的概念

众筹（crowdfunding），这一概念最早起源于国外，是一种新型的投融资方式。事实上，这种投融资方式并非现代社会发展的产物，"众筹"这一思想早在18世纪的西方国家就已经出现。我们现在所说的众筹，译自英文单词"crowdfunding"，也有一些学者将其译为大众筹资。目前学术界对众筹的定义众说纷纭，还没有一个完全一致说法。国内外学者分别从不同角度对"众筹"进行了定义：从集体方面上来讲，学者们将众筹定义为人们将资金联络聚集在一起来投资或支持其他人员、组织、协会发起的活动，并且这种行为通常是通过互联网发生的。从法律的角度上来讲，学者们认为众筹可以解释为是企业家、艺术家、非营利组织或个人为某一项目、商业活动而组织筹集资金的过程，这些活动需要在互联网等媒介上进行宣传，以获得大众的支持，这些支持者根据自身条件共同向一个对他们有吸引力的项目投入资金。与其他线上筹资形式不同的是，众筹活动中，资助者与接受者是一种多对一的关系。从线上或线下对于财务资源的需求角度进行定义，众筹可理解为一种对于财务资源供应的开放调用，并以捐赠或交换一定形式的报酬或投票权，达到支持一些具有特定目的的活动。美国学者伊森·梅利克（Ethan Mollick）对众筹进行如下定义，他认为众筹是指大众依托互联网平台，为某个项目、产品或创意共同出资，进而实现投融资双方各自的需求。2011年，众筹模式传入我国，其出现的标志是众筹网站"点名时间"在这一年的7月正式上线。此后，觉JUE. SO、天使汇、淘梦网等相续上线，目前已形成一套固定的众筹模式构建与流程。

所谓农业众筹，就是指将众筹应用于农业领域内，以"农业＋众筹"的形式，利用互联网的融资平台或是专门从事众筹的平台作为媒介，以文字、图片或是视频等作为载体，将某一项或多项农业众筹项目的信息及具体情况有计划、有目的地向大众进行展示，并与大众进行交流，吸引感兴趣的大众为该众筹项目进行投资，发起方通常在筹集到既定目标的资金后，最终以实物或股权或利息等形式回馈给投资人相应的利益。我国是一个传统的农业大国，千百年来，农业作为第一产业在国民经济中占据了极为重要的地位，起着不可或缺的作用。传统农业的生产和销售普遍存在着资金融通困难、流通环节繁多、产品销路不畅等问题，农业众筹的出现在很大程度上为我国农业的发展带来巨大的机遇，缓解了传统农业中出现的种种问题。近年来，随着经济水平和科学技术的发展，国家宏观政策开始对"三农"问题愈发重视，对涉农产业也加大了重点扶持力度。这些都为农业众筹在我国的发展创造了良好的环境。作为农业与众筹的交汇点，农业众筹一出现便得到了有关部门的关注，这既是新兴产业对"三农"问题作出的积极回应，又是传统产业转型升级过程中的必然要求，是现代农业发展的不二之选。

二、农业众筹内容

农业众筹可以发生在农业整个产业链上，狭义的农业众筹更多的是指众筹农业中的实物农产品，但广义的农业众筹可以是农业中的各个领域。按照众筹的内容来分类，可以将其分为四种，即农产品众筹、农业技术众筹、农场众筹和公益众筹，具体内容如表 3-1 所示。

表 3-1　我国农业众筹内容

序号	分类	含　义
1	农产品众筹	在农产品种植层面的众筹，回报支持者或投资人以农产品实物
2	农业技术众筹	在农业科学技术上的众筹，回报众筹者或投资人以农业技术，主要针对农场主
3	农场众筹	围绕农场的众筹，可以是土地、股权，也可是参观采摘等
4	公益众筹	针对于农业中的公益项目的众筹，例如西北的防风治沙众筹树苗、滞销农产品众筹等

农产品众筹，就是指众筹实物农产品，目前大多数是农产品的预售项目，这是目前火热的众筹模式。例如，"本来生活"与众筹网联合推出的"尝鲜众筹"，以延安宜川红富士苹果为众筹标的。之所以选择众筹苹果，首先是因为苹果的受众面极为广泛，有很大的消费市场。其次，传统的山东、辽宁、河北的红富士苹果对北上广等一线城市来讲并不稀奇，遍布大大小小的超市、水果

市场，根本算不上特产。在这样的背景下，他们打出"北纬35°海拔1 000米"的旗号，让延安宜川红富士苹果成功打入一线城市苹果市场，赚足大众眼球，最终项目众筹成功。

农业技术众筹，包括增产技术众筹、种植技术众筹、有机化肥农药技术众筹和农业信息化众筹等。①增产技术众筹如杂交水稻的增产技术众筹，这个技术之所以能够众筹成功，是因为粮食在全球都占据着重要的位置，世界各国均对粮食增产技术格外关注。②种植技术众筹通常用于具有较大经济价值的作物，例如引种蓝莓等新型农作物的种植技术，蓝莓具有极高的营养价值，具有护目的功能，但其对种植环境的要求较高，不宜大面积引种，这项技术吸引大众的热点在于蓝莓被世界公认为有价值并具有极大的稀缺性，只有通过该项引种技术才可以解决稀缺性问题。③有机化肥农药技术的热度不断升温，特别是在有机食品受到越来越多人的追捧情况下，围绕有机形成一条系统的产业链，有机化肥农药技术作为这条产业链中不可或缺的环节便极具投资价值。④农业信息化众筹，随着农业物联网业的兴起和农业信息技术的普及越来越受到广泛关注，相信在不久的将来，智慧农业、大数据农业必将取代传统农业。

农场众筹中农场作为项目的发起方，在相关的网站上发起项目，由大家进行资金的筹集，然后农场根据投资者需求进行农作物生产、种植，农作物成熟后再送到消费者手中。

公益众筹是指众筹农业中的公益事业，有助于缓解社会矛盾。

三、农业众筹兴起原因

国内农业众筹与西方发达国家相比，虽然起步较晚但发展迅猛，特别是在2014年和2015年，国内众筹更是呈井喷式发展态势，这背后的巨大推动力来源于改革开放以来我国在经济、社会、文化及人们生活水平等方面的诸多改善，主要包括以下四个方面：

第一，来自农业在国民经济中的重要地位。农业是我国国民经济的基础，国家统计局数据显示，2017年我国农林牧渔总产值已达到114 696.2亿元，其中农业总产值达到61 719.69亿元，占比达53.81%，可见农业市场在我国有巨大的发展空间，其长足发展关系着国民经济的命脉。然而，长久以来，由于农业企业本身具有规模小、风险大、投资大、融资周期长等特点，其融资问题始终没有得到较好的解决，导致农业发展长期面临着融资难的困境。截至2017年3月底，上海和深圳证券交易所（包括创业板和中小板）共有3 294家上市公司，其中，农业、林业、饲养和渔业企业仅有 63 家，再加上 25 家化肥企业和 19 个农药和兽药企业，企业总数也仅为 107 家，仅占所有上市公司的 3.25%，这表明对于农业产业通过上市和发行证券这样的直接融资方式进行融资，其作用非常有限。由于农业本身具有投资风险较大的特点，许多农业企业在传统融资渠道中举步维艰，一些企业在巨大的资金缺口下必须找到新的出路。众筹具有门槛低、及时、高效、操作简便等优点，公众易于接受，所以，众筹与农业之间的关系是一种相互补充的关系。众筹可以开辟农业领域的新市场，而低门槛、无押金的众筹融资模式解决了传统农业融资的困境，两者的结合相得益彰。通过"互联网＋金融"模式筹集社会闲置资金，缓解农业企业融资困境，同时还可以实现农产品去中间化的目标，直接向客户进行销售，这表明农业和众筹的结合势在必行。

第二，来自都市人回归自然、亲近自然的愿望。长久以来，随着社会的不断发展和分工的不断明确，越来越多的都市人远离自然和农业劳动，导致大量的城市居民生活在城市中，不少人甚至没有见过农作物生长在土地中的样子。事实上，人类源于自然，在诞生之初就与体力劳动脱不开关系，在逐步进入小康社会后，人们开始追求更多的精神和物质支持，因而，人们希望再次回归自然，贴近土地，弥补城市生活空间狭小的弊端，他们希望能亲自参与到农业生产和经营活动中。随着我国经济水平的不断提高，回归自然、亲近农业已成为现代人的需求，甚至是一种时尚。农业众筹项目满足了都市人回归自然的愿望，强调公众参与，为都市居民和青少年提供了体验农村、农民和农耕的绝佳机会。

第三，来自人们越来越强烈的食品安全愿望。随着小康社会的到来，温饱问题得以解决，现代人越来越关注他们的生活质量，不再满足于"吃得饱"，他们更关心是否能"吃得好"。不仅应该"吃得好"，更要安全健康地吃。目前，我国不断出现各种各样的食品安全问题。许多城市居民出于健康安全的考虑，便希望在郊区租用土地，通过自己耕种、自己劳动以及绿色耕作获得蔬菜水果。农业众筹在土地寻租者和承租人之间架起了一座沟通的桥梁，既满足了承租人的经济需求，又满足了寻租者的土地需求。

第四，来自农业融资现实的旺盛需求。与其他产业相比，农业是一个弱质的产业，长期面临着投入大、周期长、产量低的困境，农业生产者规模小，融资难始终困扰着农业生产者的创业。在现代农业信息化浪潮和"大众创业，万众创新"的激励下，农业众筹以其融资门槛低的特点，必将为农业生产者和经营者缓解融资难的困境提供有效的平台和渠道。

四、农业众筹发展历程

随着世界经济和科学技术的不断发展,利用"互联网＋"进行筹资的方式正在成为席卷全球各行各业的一股不容忽视的浪潮。在这种背景下,农业部门也开始积极地接受互联网。美国、澳大利亚、英国、日本和其他西方国家纷纷开始尝试将众筹的概念应用于农业领域,农产品、农业旅游、农业机械、农业技术、农业用地等众筹项目相继出现。在我国,农业是传统的主要产业,通常因为收益不高且农产品的特殊性而面临融资困难的问题,与此同时,频繁出现的食品安全事件也刺激了现代人追求食品安全并确保食品供应的神经。受此影响,我国也开始出现农业众筹平台,试图探索新的农业项目融资方式。

"大家种""尝鲜网""有机有利"等专门从事农业众筹项目的网站如雨后春笋般建立并运行。淘宝网、京东网、众筹网等综合电子商务平台也及时开启了农业众筹的子项目。其基本模式是资金需求方通过众筹平台发布与农业相关的项目,并寻求公众的资金支持。手中持有闲散资金的投资人,通过众筹平台为资金需求方提供财务支持。项目成功后,资金需求方根据承诺向投资人提供回报。这种"互联网＋农业"投资模式在我国蓬勃发展起来。

2013年是互联网金融元年,从此年开始,国内农业众筹项目从无到有,经历了一个迅速发展的过程,农业众筹模式于2014年在中国正式兴起。"众筹网"与"本来生活网"于2014年1月签约,共同开展"本来鲜筹"农产品众筹项目,旨在打造限量尝鲜。他们宣布,未来将在互联网金融和农业相关行业开展深入合作。2014年3月,品牌东方集团旗下的深圳一禾家庭农场投资控股有限公司推出"尝鲜众筹"网站,建立了中国第一个农产品众筹和农场众筹的农业众筹平台。同期启动的还有浙江兴合电子商务有限公司与安徽农民、阿里巴巴"聚划算"等联合推出的"耕地宝",该平台属于权益型众筹平台。同年4月,"大家种"正式成立,该平台定位于F2F(Farm to Family),致力于将家庭与农场有机结合起来。

2014年7月,"有机有利"众筹平台正式上线,该平台作为淘宝生态农业频道合作伙伴承办了两种类型的项目,即回报类农产品众筹和投资类农业股权众筹。"众筹网"与汇源集团、三康安食、沱沱工业等线下农业平台于2014年7月底签署了一份合作协议,共同开展创意营销和众筹,正式宣布进入农业领域。在2014年农业众筹的热潮中,除了上述主要的农业众筹平台外,还建立了一些小规模的农业众筹平台,这些平台均欲抓住商机,抢占市场。随后,淘宝众筹、苏宁众筹、开始众筹等知名众筹平台也开始发布农业众筹项目,农业众筹开始初具规模。

作为新的融资策略，农业众筹为中小投资者参与到大规模农业项目提供了途径，并为生产者提供了基于网络的融资方式，以筹集资金来开发农业项目。农业众筹平台一经启动就得到社会各界的支持和响应，消费者亦对这种农业众筹产生浓厚兴趣，市场认知度迅速提升。通过农业众筹的方式，投资者也可以称为消费者，可以在互联网平台上养一头猪或一只鸡、种一棵树或一块菜地等，并最终获得相应的农产品作为回报。

2014年以来，被称为"从田间到舌尖"的农业众筹商业模式在我国发展迅速，该模式中投资人作为消费者提供资金并订购商品，农业企业根据消费者订购的商品进行生产活动，农产品成熟后送到消费者手中。目前，国内主要的农业众筹形式是农产品回报类众筹，回报的方式通常是实物，例如农业和畜牧产品，或技术推广等服务。《中国众筹行业报告2015（上）》中指出，未来绿色农产品、绿色农场和生态农业相关的众筹项目将受到公众的更多关注，其众筹成功率高达93%。

该报告还提到，未来我国将出现更多的土地、农业股权等众筹项目，这些众筹项目可能成为未来农业众筹中的主流。土地众筹主要集中在帮助用户在线查找和租用土地等方面，它不仅包括大面积的土地流转，还包括城市周围的小块土地出租，用于满足城市人口的自我修养和自耕自种的爱好和需求。农业股权众筹主要包括农业企业启动资金的融资，其中也可能会涉及到土地流转融资。而回报的形式也是多种多样，例如，当农作物成熟时，消费者可以获得一定数量的农产品；消费者可以决定想要在他们投资的土地上种植哪些农产品，并获得成熟后的农产品，消费者还可以到农场亲近大自然，体验农耕生活。此外，农业众筹平台为消费者和生产者之间搭建了直接沟通的平台。通过互动、实地考察、视频监控等手段，消费者可以及时获得农畜产品生产的第一手资料，从源头进行监控，可以使我们餐桌上的食物更安全、更安心，同时也大大减少了流通过程中的烦琐环节，降低了融资成本和流通成本以及消费者的购买成本。事实上，农业众筹可以众筹技术、公共福利、土地、农场、股权、乡村旅游等，几乎覆盖所有农业领域。

从另一个角度讲，互联网相关产业的快速发展和农业现代化的到来，为农业与互联网的有机结合奠定了坚实的物质基础。据《2015—2020年中国电子商务行业市场调研及投资趋势研究报告》数据显示，截至2016年1月底，中国已有7.3亿网民，其中占绝大多数的是手机网民，达到了6.95亿，占比达95.1%。2016年，我国网购交易额达5.16万亿元，比2015年同期增长26.2%。已拥有网购用户4.8亿，较2015年同期增长15.1%（图3-1）。

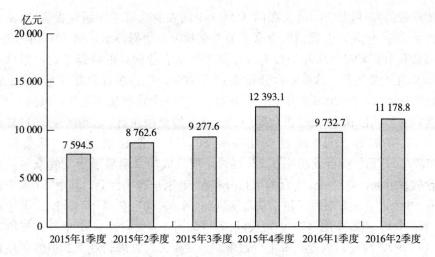

图 3-1　2015—2016 年各季度中国网购市场交易规模

数据来源：中国市场调查网，《2015—2020 年中国电子商务行业市场调研及投资趋势研究报告》。

2016 年我国网购总额占社会总消费额的 12%，我国网购市场规模显著增长。与此同时，随着基础设施的不断完善以及政府在各方面的大力支持，大部分农村地区甚至是偏远山区都已连接上移动互联网。我国农村网民已达到 1.91 亿人，农村网购规模突破 4 600 亿元。尽管农村地区互联网普及率只为 31.7%，但超过一半的农村网民表示会比较依赖或非常依赖互联网络生活。新时代下农业已不局限为一种传统生产部门，而是与高科技结合形成现代化的产业部门。

我国众筹模式中的奖励型众筹产品，已经开始朝着高目标金额达成率的方向发展。而农产品众筹中大多采用就是奖励型众筹模式，以农产品输出为最终目标。与一般科技创新众筹产品相比，农作物生产周期较长，生产过程中存在诸多不确定性，导致投融资风险较高。因此，在实现农产品众筹融资的最低融资标准的基础上，农产品众筹融资的数额寻求更高的目标。农产品众筹项目筹资者的主要目标是达到甚至超过众筹目标金额，提高融资效率。较高的融资额也有利于使众筹项目在运行过程中各方面的风险承受能力更强，投资者的回报将更加有保障。

五、农业众筹规模及数量

从农业众筹的规模和数量上看：我国农业众筹的规模和数量正在增加，但速度渐缓。"众筹家"网站发布的《2016中国农业众筹发展研究报告》，简要分析了2016年及以前我国农业众筹的发展状况。数据显示，到2016年年底，我国共有108家农业众筹平台上线，其中包括农业板块的众筹平台，但只有52家仍在正常运营。这些平台分布在17个省份，以山东省和北京为最多。就项目数量而言，到2016年年底，已发布了2 249个农业众筹项目，包括2 194个实物众筹项目和55个股权众筹项目。就众筹金额而言，实物众筹项目募集资金17 376.21万元，项目成功率为89.78%；股权众筹项目募集资金13 557.80万元，项目成功率达55.26%，项目成功率明显低于实物众筹。在平台数量方面，这2 294个众筹项目分布在88家众筹平台上，其中，7家平台拥有30个以上众筹项目，包括众筹网（834个）、淘宝众筹（741个）、苏宁众筹（83个）、点筹金融（79个）、轻松筹（65个）、大家种（51个）和有机有利（32个）。可见，农业众筹平台数量多、规模大、管理较规范。但值得注意的是，这7家众筹平台中，只有"大家种"和"有机有利"是专业的农业众筹平台，其他均属于综合类众筹平台。农业众筹项目只是其众筹平台上的一个分支而不是主要形式，且平台上的农业众筹项目只占全部众筹平台项目的一小部分。可以看出，当前我国农业众筹的主要形式仍然是实物众筹，并且实物众筹的平均融资额度远远低于股权众筹，但其项目成功率却更高。

农业众筹的竞争格局已经形成，其中众筹网淘宝众筹京东众筹等强大综合平台成为主导，垂直型平台明显劣势。众筹作为一种创新的融资模式，已被广泛应用于科技、文化、教育、医疗、汽车、农业等领域。总的来说，在科技、文化、汽车等领域，众筹发展态势良好，而农业众筹则呈现出规模小、首次筹资成功率低、再次筹资成功率更低的特征。据数据显示，截至2018年6月底，全国共上线过众筹平台854家，其中正常运营的为251家，下线或转型的为603家，2018年上半年共有48 935个众筹项目，其中已成功项目有40 274个，占比82.30%，2018年上半年成功项目的实际融资额达137.11亿元，与2017年同期相比增长了24.46%。其中，各大众筹模式中总融资额排名前十的平台中，没有农业众筹平台，更多集中在科技、汽车、影视、音乐、旅游等领域。

六、农业众筹类型

随着我国农业众筹平台的不断增加，平台的模式越来越多样化。我国的农业众筹类型包括：权益型农业众筹、平台型农业众筹、消费型农业众筹等。与传统的农业经营模式相比，农民利用互联网众筹平台筹集农业生产资金，获得消费者订单，可避开各种经销商而提前组织生产，有助于缓解农业生产贷款和农民融资等方面的困难，解决农产品流通过程中的信息不对称问题。这种模式不仅可以满足城市居民对有机、健康农产品等方面的需求，还可以增加农业收入，提高农产品的价值。由此可见，农业众筹的发展前景是值得期待的。

我国的农业众筹平台可以分为两大类：综合类平台和垂直类平台。其中，综合农业众筹平台是指在平台发起的项目涉及多个类别，农业只是其中之一；垂直农业众筹平台是指以农业领域为重点，专注于农业相关项目的众筹平台。

（一）综合类农业众筹平台发展概况

综合类的农业众筹平台中，众筹网和淘宝众筹平台上的农业项目的支持和关注度最高。

众筹网是目前国内最大的综合众筹平台，专注于各领域项目的众筹，据统计，到2016年年底，该平台已获得742 447人支持，募集资金总额164 896 260元，项目总数13 676个。其中，有916个是农业众筹项目，占项目总数的6.7%。在众筹网上发布的农业项目，包括休闲农场、蔬菜、水果、水产、肉类、家禽、鸡蛋、牛奶、谷物、油、副食品、休闲食品、饮料、茶叶、进口食品、有机食品、生物技术等多种类型。这些项目中绝大多数是农产品众筹。众筹网的众筹过程通常是：农场、农民或其他农业主体把即将生产的农产品发布到众筹网上，并且表明需要支持的人数和金额。当投资的人数和金额达到发起方的期望，众筹视为成功。在此之后，发起人应按照承诺将农产品寄送到投资人。众筹网会对成功的项目收取3.0%的资金支付渠道费。在众筹网的早期阶段，农业众筹项目主要是个人预售的形式，农民在众筹网平台上推广农产品，支持者购买获得订单，当农作物成熟以后，农民按照订单发货。通过农产品的预售，在农业品牌的建设和宣传中发挥更好的作用。除了最初的个人发起农业众筹以外，传统农业公司还开展了与众筹网站的战略合作，拓宽融资渠道，创新供应链。

在综合类农业众筹平台中的又一佼佼者——淘宝众筹，它既不如号称国内最具影响力的众筹平台众筹网项目繁多、琳琅满目，也不如京东推出的众筹平台一路高歌猛进，屡创纪录。淘宝众筹的诞生可追溯到2013年"双十二"的一个分会场"淘星愿"。该分会场中，林志颖、汪峰等多位明星通过"淘星愿"平台发起自己的愿望，来获得粉丝在金钱上的支持。2014年3月，"淘星愿"初步积攒了一些名气改后名为淘宝众筹。最初，淘宝众筹只是被放在"特色购物"栏里，并没有受到平台决策者的重视。直到2015年，淘宝众筹才开始真正发声。数据显示，到2015年3月，淘宝众筹已经成为淘宝网旗下的一个重要的子项目，因其人气高、顾客人数众多、免费等优点，迅速受到广大网民的欢迎。截至 2016 年 3 月 8 日，共有 3 739 个项目在淘宝众筹上线，融资金额总计约 149 202 万元，项目成功率为 88%。在上线的 1 225 个农业众筹项目中，961 个成功融资，成功率约为 78%。种类繁多的农产品占众筹项目的绝大多数，不仅有大米、水果、蔬菜等大众产品，还有地方特产等特色产品。淘宝众筹的流程类似于众筹网。

（二）垂直类农业众筹平台发展概况

我国最具代表性的垂直类农业众筹平台主要有"大家种"和"有机有利"。

2014 年 5 月，创始人陈杰创办了"大家种"农业众筹平台。凭借强大的互动体验，人们对绿色食品和无公害产品的消费热情被大大激发，纷纷参与到这一过程之中。同时，该平台为了加强后勤支持还提供了专业的团队为公众服务，并通过对目标农场的透明监督实现风险控制。该平台上发布的农业众筹项目包括四大项：农产品预售、私人农场定制、生态农场娱乐和认养禽畜。"大家种"也是最早专门从事农业众筹项目的平台之一，其初衷是为用户特别是向往田园生活的城市居民推荐绿色农场，监督农场生产的全过程，以保障农产品的安全，并为农场提供预售平台和消费群体。最具代表性的项目是"代表城市地主，定制私人菜园"，该项目获得 14 人资助，筹集金额 16 220 元，众筹成功。在该项目中，投资人首先出资认购菜地，在农作物种植和收割过程中，投资人可以选择自己体验，也可委托筹资方代为操作。

但是，这个平台众筹项目的数量和成功率都不高，且面向的主体非常有限。自 2014 年 4 月网站开通以来，到 2016 年 12 月底，共有 52 个项目上线，且大多为蔬菜、水果、猪肉、鸡肉、粮油等农产品，项目融资金额较小，多数为千元级别，融资成功率不足 50%。同时，与该平台合作的农场仅局限于北京各郊区的农场，范围非常小。最初想通过平台进行全程监管农场生产的想法似乎也并未实现。2017 年，"大家种"平台下线。

"有机有利"垂直类农业众筹平台的理念是 F2F（Farm to Family），由肖军等联合创始人于 2013 年创立。该平台的众筹项目由经过认证的原产地农业企业直接启动，消费者支持一定数额的资金并获得回报。"有机有利"实现了农业金融平台与先进互联网的有机结合。其主要特点和卖点如下：吸引资金供应商众筹土地，开创消费者订单农业。该平台的农业众筹项目包括五大项：农产品、土地承包经营、农产品进口、社区支持农业、民间工艺。

"有机有利"平台上最著名的项目是"筹土地"，该项目于 2015 年 5 月 6 日上线。该项目旨在建立我国首个"互联网＋土地＋人"的众筹模式。投资人委托发起人耕种土地，并将每亩产出的 80% 作为回报用于支付人工和种植成本，剩余 20％的土地产出由筹资人获得。然而，尽管这个项目被称为"筹土地"，实质上投资人并没有获得土地的经营权，而只获得了在特定土地上收获的农产品作为回报，这与现行的农产品众筹融资没有根本意义上的区别。同时，由于在该平台上线的农业项目数量并不多，因而影响力也相对有限，目前，该平台的官方网站已无法打开，平台面临下线。

此外，无论是综合类还是垂直类农业众筹平台，它们都不如个人发起的初次众筹项目有效。在众筹网的融资排行榜中，2014 年以来，较为成功的项目有山西省永和县挂职干部程万军发起的"永和核桃圆儿童书屋梦"公益型农业众筹项目。该项目获得了 86.6 万元的资金支持，超过其融资目标的 4.78 倍。但是，该筹资人在后续发起的四个农业众筹项目的融资率约为 20％，均以失败告终。

可以看出，现阶段我国的农业众筹以农产品众筹为主。由于垂直类平台发展现状不容乐观，故农业项目多在综合型平台上发起，目前农业项目在综合类平台上已经颇具规模。尽管现代人们思想观念更加开放，对农业众筹的接受程度也在不断提高，但作为一种新生事物，无论是垂直类农业众筹平台，还是综合类农业众筹平台的发展和规模都有待提高。

七、农业众筹政策环境

当前，农业众筹的发展存在诸多问题，仍处于试水阶段，但前景广阔，发展空间巨大，这是有目共睹的。随着越来越多的众筹平台开始涉足农业领域，农业项目的数量也将迅速增长。因此，建立一个有效的监督机制对于众筹平台后续工作的监督以及我国农业众筹的长期发展具有十分重要的意义。中共中央办公厅和国务院办公厅在 2014 年年底发布的《关于引导农村土地经营权有序流转发展农业适度规模经营的意见》明确指出，要实行三权分置，即所有权、承包权、经营权应分开，以指导土地经营权的有序流转。该意见将为大规模土地流转创造条件。随着未来土地流转的普及，农业众筹有可能成为一个充满希望的细分市场。在中央政策的支持下，农业众筹可以在整个农业产业链的各个环节上发生，在一定程度上激活农村金融的发展，缩小城乡差距，有效解决"三农"问题，这已成为我国社会主义新农村建设的一个亮点。

在 2015 年的政府工作报告中，李克强总理多次提到互联网金融，并明确指出，互联网金融作为一种新兴力量，已经迅速崛起，应该大力推动互联网金融业的健康发展。近年来最受欢迎的词汇无疑就是互联网金融。简单地说，互联网金融就是一个将互联网与传统金融业结合起来的新领域。伴随着互联网技术的快速发展，金融市场中出现了五大互联网金融模式，即第三方支付、P2P贷款、大数据金融、众筹和金融信息服务。

2016 年 4 月 22 日，农业部、发改委等 8 部门联合印发《"互联网＋"现代农业三年行动实施方案》，而农业众筹就是现代信息和通信技术开发的一种新的金融工具。自 2014 年起，农业众筹已正式进入中国大陆，至今已获得不少投资人的接受和支持。与传统的融资方式相比，农业众筹融资更有针对性、信息更加透明开放、投资者参与的热情更高。需要特别注意的是，该方案提到了促进在线农业和数据农业的发展，全面提高农业信息化水平。该方案发布不久，《关于印发〈推进普惠金融发展规划（2016—2020 年）〉的通知》及《关于进一步做好防范和处置非法集资工作的意见》等文件相继出台，明确指出需要加快众筹监督机制建设。2016 年 3 月，互联网金融协会在我国正式成立，这一举措成为我国互联网金融业自我监管的良好开端。

八、农业众筹面临的机遇

（一）多方位多角度的农业众筹内容

随着"农业＋众筹"这一概念在我国的兴起，众筹在农业领域内的应用已经不仅仅是"众筹普通农产品"这样的单一类型，还出现了诸如农业技术、个性农产品、农业公益、乡村旅游等多种类型。

从众筹农业技术层面来说，众筹的农业技术可以包括提高粮食产量的技术、新的种植技术以及有机肥和农药技术。这些技术可提高农作物产量、珍稀作物育种、保护环境等。国外已有众多成功经验可供我们借鉴，例如 2014 年 OnFarm 正是通过 AgFunder 农业众筹平台成功地进行了种子融资。

在个性农产品或家乡特产方面的农业众筹项目大有可为。个性农产品可以是家乡山上的野蘑菇，对于一些人来说，它们包含强烈的家乡感以及其他人文价值观，具有很高的附加值。有些产品具有鲜明的区域特征，或具有悠久的历史背景，或具有较高的营养价值，经专业人士包装后，会吸引许多喜欢这些特色的投资者。

农业领域的公益性众筹也有很大的发展空间。例如，西北地区防沙众筹苗木、农村脱贫建设、农产品滞销等，都是可以通过公益性众筹解决的难题。最著名的公益型农业众筹是 2014 年 10 月由山西省永和县副县长程万军启动的"众筹永和核桃，圆孩子书屋梦"项目，该项目一上线便得到了各行各业人们的大力支持和积极响应。项目筹集的最终筹资金额达 86.6 万元，这一举措不仅帮助永和农民卖出了核桃，解决了核桃滞销的问题，帮助农民增收，同时还圆了乡镇幼儿园孩子们的书屋梦。

此外，许多乡村风景秀丽、空气清新，本可以大力发展旅游业，却因市场信息的不对称和资金障碍而不得不放弃开发。乡村旅游业的众筹项目，利用互联网为平台进行项目筹资，可以进行当地特色旅游项目建设、宣传等，从而发展当地经济，促进当地农民生活水平的提高。作为回报，可以让出资人获得景区居住的折扣等优惠，一举两得。

（二）提供农业企业融资发展新思路

随着我国市场化水平的提高和对外贸易的深入发展，中小企业在我国经济中的地位越发凸显。但是，阻碍中小企业发展的一个最主要问题就是融资难，主要表现在资金供需偏差上。长期以来，相比于其他行业企业，农业企业在融资问题上一直处于较为不利的地位。绝大多数中小型农业企业存在着巨大的资金缺口，这使得一些农业企业尽管有意创新和探索，但由于缺乏资金而不得不半途而废。在这种背景下，农业众筹与农业企业在一定程度上存在着互相为对方提供机遇的关系。弱势的农业企业逐渐成为我国农业众筹发展的新主体和新用户，新的众筹融资模式和管理模式也为农业企业的快速发展提供了机遇和渠道，体现了中国农业与众筹的结合是大势所趋。

（三）减少农产品流通的中间环节

传统的农产品流通模式较为复杂。从生产者到消费者，我们必须经过批发商，其中，批发商又有两个层次，分别为产地批发商和销地批发商，除此之外还要经过零售商等中间环节。不仅增加了流通成本，而且降低了流通效率，延迟运输使得农产品到达消费者时难以保证质量（图3-2）。

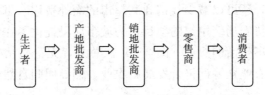

图3-2 传统农产品流通模式

目前，我国的农业众筹主要采用产品和服务的消费模式，类似于当前较为流行的"生鲜预售"。多数农业众筹项目采用农场和城市居民直接对接的方式，消除繁杂的中间环节，确保农产品的营销，同时也满足城市居民对绿色产品的需求，大大减少对新鲜农产品的支出（图3-3）。由于农产品本身保鲜时间短，因此在众筹农产品销售过程中不得不重视距离问题。以"大家种"平台上的项目为例，该平台上的项目基本上是从北京辐射到周边地区，大多数短途运输由农民自己配送，而长途运输将使用农场和家庭之间的冷链物流运送。我国冷链物流仍处于初级的发展阶段，顺丰优选、京东等已在该领域崭露头角，我国"十三五"制定的冷链物流业发展规划也将为改善这一环节提供保障。

图 3 - 3　农业众筹农产品流通模式

（四）增加双向互动

农业众筹平台为生产者和消费者提供了面对面的交流机会，使传统买家和卖家成为合作伙伴，大大增加实现双赢的机会。我国农业的一个普遍现象是农民的生产往往受制于购买者。农民生产者为适应购买者的需求而生产产品，生产者甚至会故意降低产品质量或掺假，以满足购买者的低价要求。对于生产者而言，农业众筹使生产者在选择作物和定价方面有更多的发言权，减少中间环节也可逐步降低成本并增加利润。除此之外，通过与消费者直接进行沟通，可以了解消费者的偏好，从而确保销售，有效减少库存和消耗。消费者的信息反馈也将为进一步改进生产和服务提供基础。与此同时，随着人们生活水平的提高，人们对环境质量和绿色食品的要求日益提高，"私人定制"日益走红。从消费者的角度来说，从农场直接获取新鲜农产品不仅可以确保食品安全，还可以减少经销商和超市的额外费用。更重要的是，一些开放式农场或租赁农场使用权的项目，为城市居民提供了在不远离工作场所的情况下体验农场生活的机会（图 3 - 4）。总之，无论是从生产者还是消费者的角度来看，农业众筹都符合发展新农业、倡导回归自然的趋势，这是历史发展的必然。

图 3 - 4　农业众筹中农场主与家庭的双向互动

九、农业众筹面临的挑战

（一）农业众筹项目数量较少，形式单一

农产品本身具有生产周期长、价格低、保质期短的特点，种植者还必须承担生长过程中的自然灾害风险和市场风险。参与农业众筹的投资者通常需要事先将资金交给生产者。由于生产的高风险，使收入的不确定性增加。大多数农产品保鲜期短不宜长期储存，不同产品还需要不同的储存环境，向消费者提供农产品的物流成本也很高，这些均导致无法吸引更多的投资者和农民参与农业众筹之中，导致许多好的众筹项目因无法达到筹资目标而不得不结束。

在已经成功的农业众筹案例中，农产品的品种也比较单一，通常走高端小众路线。由于我国农业众筹起步较晚，形式也比较单一，大多数的众筹项目都是农产品的预售，而这些农产品也是日常生活中的一些特殊的、稀有的产品，所以它才可以吸引消费者的眼球。但对于一些大众农产品，如粮油等，农业众筹是不适合的。未来农业众筹市场不能局限于高端小众，制约农业众筹发展的重要问题之一就是如何拓宽市场，实现农产品的普遍性。此外，在农业众筹领域，许多项目存在"跟风"现象，同质竞争十分普遍。比如，一个农产品项目在众筹平台上走红后，一些类似的农产品项目就会紧跟着推出，它们的形式基本不变，所发布的项目内容未经过仔细考虑，只是为了蹭热度。例如，赣南脐橙项目在"众筹网"上成功融资后，紧随其后出现了一系列与橙子有关的项目，不少项目缺乏自身特色，导致融资失败。随着时间的推移，这些项目的新颖性将失去，公众对其的投资额将大幅减少。这种"热门"项目往往难以控制，从长远来看，它将对平台和筹款人均产生负面影响。因此，实现众筹的产业化和规模化是农业众筹的下一个发展方向。

农业众筹所应用的农业链是单一的。从农业育种、农产品流通、生态农场、农业机械、生物肥料到农业科技、农业金融等整个农业链的各个环节都可以发生农业众筹。从农业众筹平台上的大多数项目来看，我国的农业众筹只涉及农产品流通和生态农场，其他环节几乎没有涉足。虽然这一现状适合目前大多数消费者的需求，但却不利于未来突破传统的农业发展资金、技术和市场模式，也不利于实现跨资源整合。

（二）农业众筹项目的成功率低

《2016 中国农业众筹发展研究报告》的统计数据显示，到 2015 年年底，我国 88 家众筹平台共上线 2 250 个农业项目。3 个农业专业平台，即"有机有

利"成功率100%、"大家种"成功率39.22%、"蜂巢众筹"成功率0。其中，"蜂巢众筹"只发起9个农业项目，均以失败告终。

之所以会产生这种结果，是因为农产品与一般商品不同，农产品具有生产周期长、保质期短、环境依赖性强的特点。同时相比于其他行业，农业投资存在制度风险、自然灾害和市场风险、产品质量风险、信用风险、农民市场意识淡薄、物流成本高、包装成本高等问题，导致农业众筹资本风险高，回报周期长。并且，农业生产过程中的气候因素也是不可预测的，这也会导致生产投资者收入的不确定性。由此可见，农业风险的存在导致了农业众筹的发展还有很长的路要走，其必然要经历漫长而艰巨的市场培育阶段。另外，信息不对称造成的政策不稳定、行业经营风险和产品质量风险增加了农业众筹的不确定性，高物流成本限制了农业众筹的发展领域，使风险贯穿众筹的全过程，涉及各方利益，无论是众筹平台、筹资者还是投资者都不能独善其身。

（三）法律体系不健全

随着众筹融资模式的快速发展，国内外均在监管上加大了力度。美国的《JOBS法案》对众筹的发展进行规范，我国也在2016年发布了《关于印发〈推进普惠金融发展规划（2016—2020年）〉的通知》和《关于进一步做好防范和处置非法集资工作的意见》，明确指出需要加快建立众筹监管机制。此外，互联网金融协会于2016年3月成立，这也是我国互联网金融业自我监管的良好开端。然而，目前我国在互联网金融领域的立法仍然非常滞后。我国的互联网电子商务早在1988年便已兴起，而第一部真正意义上的信息法是在2005年才出台的《中华人民共和国电子签名法》。自2011年以来，众筹已在我国出现，各部门在众筹方面出台的政策措施多针对股权众筹，其他众筹类型涉及很少，即便是股权众筹方面，不同部门对股权众筹的界定也不一致，监管制度建立起来任重道远。

针对债券众筹的立法，目前只有《网络借贷信息中介机构业务活动管理暂行办法》一部，该办法对贷款平台的最大贷款额度进行了规定。在股权众筹方面，近年来不断有政策文件出台，对股权众筹的概念和融资范围等方面进行了界定和规范。例如，《股权众筹风险专项整治工作实施方案》中对股权众筹的重点监管对象给出了比较明确的范围。这些政策文件的逐步落地，是我国整顿和消除众筹失序，明确行业发展思路，促进众筹行业健康持续发展的良好开端。与此同时，众筹作为一种新的融资方式，其行业运作特征和机制运作漏洞尚未充分显露，我国的众筹监管也存在明显滞后，这些均制约着监管工作。当前，以实物众筹为主的农业众筹只能通过借鉴和适用其他法律进行规制，尚无专门针对农业众筹的法律法规出台。由于法律法规对众筹的定义不明确，许多众筹网站面临着这样的现状，即他们的运营方式具有创新性但却缺乏法律保障，而且对募集到的资金的使用也缺乏监督。尽管众筹平台有义务对募集资金的使用进行监督，但由于农场的分散化和空间的广泛化，监管的漏洞非常大。即使发现非法使用资金的现象，众筹平台所能做的也只是将所筹集的原始资金返还给投资者，而筹资方并不会受到相应的处罚。这种情况下，对于筹资和资金使用主要取决于人们的诚信和自觉，因此众筹过程中存在很多潜在的风险。例如，以股权作为网络筹资的回报，那么就会有人怀疑是非法集资，可能触及法律底线。另一方面，许多股权型众筹平台的运作中，如"大家投"，面临违反现有 IPO 规则和未经授权擅自公开发行股票的法律风险。

目前，我国众筹融资的法律制度不完善，体现在平台营业执照的发放和审核机制尚未成熟。对于筹资方和投资者的审核不完善，对融资成功后资金的使用和监督以及融资项目目标的追踪没有明确的规定，众筹融资的所有环节都存在着法律危机。

（四）传统农业与创新的衔接受阻

随着经济的日益发展，往往会出现一些新职业、新名词，其中互联网和农业结合下就产生了"新农人"这一概念。网民对"新农人"的定义是："新农人"是一群农业爱好者、投资者和服务提供者，他们重视信息、资源、互利和创新。他们是具有文化、技术和管理技能的新农民的早期形式和探索者。传统的农民在生产和经营方面有些保守，而"新农人"大多是继承父辈的传统，或是单纯对农业有着特殊爱好的群体，他们易于接受和使用互联网技术，比父辈相比懂得更多的知识，但在种植经验方面，他们却不如传统农民丰富。

基于这种特点，农业众筹的积极参与者和实践者往往就是这些缺乏实际种植经验的"新农人"，他们可以通过众筹的方式承包一片土地进行创业尝试。对于传统的农民来说，他们农业种植经验丰富，还掌握着土地资源，由于文化程度等制约因素，很难在短时间内接受并实施众筹模式，传统和创新将不可避免地经历碰撞和摩擦，阻碍了两者的相互融合。这样，传统与创新之间就存在着巨大的矛盾，这种矛盾的解决需要经历一段长时间的磨合期。

（五）知识产权保护不足

我国的知识产权保护意识普遍比较薄弱，在这种环境下，知识产权保护不足并不仅仅是农业众筹所特有的法律问题。然而，随着目前各个领域的侵权事件不断发生，农业众筹中对知识产权的保护也应当重视起来。例如，"褚橙"

在"大家种"平台上成功融资的同时也产生了巨大的品牌效应，吸引了大批粉丝，这一众筹项目被视为农业众筹营销中的教科书。但是，众筹平台上缺乏相应的品牌保护措施，很容易导致侵权。

提到众筹的知识产权保护，就不得不提一个典型的知识产权案例。该案例发生在 2013 年，由 Pressy 在 Kickstarter 上推出了一个项目，众筹产品是一键式多功能 Android 按钮，可插入耳机插孔以自定义手机。最终，该项目总共筹集了 70 万美元，比预期目标高出 30 万美元。但就在 Pressy 推出该产品之前，模仿者纷纷抢先推出类似产品，各种各样功能相仿的"键"迅速推出，市场很快饱和。Pressy 的众筹项目很有创意，但他的价值在于理念而不是产品。通过平台上发布的项目细节，电路技术人员可以轻易掌握产品的生产方法并进行复制，然后迅速投入生产、推出进入市场。

农业众筹项目中非常容易出现类似 Pressy 事件的现象，农业众筹项目对互联网平台和创新意识的依赖非常强烈。如果一个项目想要从许多项目中脱颖而出，就必须突出创造力，创造力被放在众筹平台上供大家参考，但众筹平台及监管部门没有保护机制，这些创意极易被侵权。

第四章

农业众筹的模式

伴随着农业众筹平台的增多，农业众筹的模式也日趋多样，主要以股权型农业众筹、权益型农业众筹和公益型农业众筹为主。

一、股权型农业众筹

(一) 我国股权型农业众筹的发展

自改革开放以来，第二三产业快速发展，而农业的整体发展速度相对较慢。由于农业本身还存在许多历史问题，迫切需要建立一个平稳的社会资源渠道，向农业倾斜。本部分结合中国农业的特点，对部分特定行业股权众筹模型进行分析，提出符合中国农业股权众筹的模式，并提出推动中国农业股权众筹发展的建议与措施。农业股权众筹是农业产业的众筹，目前主要是农业高科技公司的股权众筹。项目发起方通过向公众和机构投资人展示正在进行研发的农业科技成果来体现项目的投资价值，通过出让股权的方式来获得融资。

股权众筹适用于农业高科技企业，初创小微企业或具有上市条件的公司在上市前在股权众筹平台上进行预热，其具有高效融资的特点。股权众筹与VC、PE、天使投资共同构成了完整的融资生态链，丰富了中国资本市场的融资体系。我国的股权类农业众筹融资模式还处于初级阶段，法律保障还不健全。我国还没有专业的农业股权类众筹平台，农业项目想要进行股权众筹还要在综合类的股权众筹平台进行，其中天使汇、大家投、天使街、原始会等都是接受农业项目股权众筹的平台。

(二) 股权型农业众筹特点

所谓股权众筹，是指融资项目公司将出售部分股份，吸引更多投资者参与，从而获得一定的资金。投资者从持有公司股份中获得了一定的好处，股权投资的媒介是互联网。此外，还有些人将股权众筹解释为私募股权互联网化。

2009 年，已有许多国家开始运行这种模式。2011 年，众筹被引入中国，但直到两年后，第一个中国的股权众筹案例才得以诞生。事实上，具有一定担保价值的项目直到 2014 年才开始出现，当时中国证监会发布了监管众筹的规定。从目前国内的实际情况来看，众筹模式的发展可谓与时俱进，已经成为公众乐于接受的新鲜事物。从担保与否的角度来看，主要存在有两种方式：有担保众筹和无担保众筹。无担保众筹模式是指在具体的融资过程中，作为投资者，没有第三方来担保相关权益，我国绝大多数的众筹投资项目都属于这种模式。担保众筹模式是指有第三方担保者在投资者进行具体融资过程中对其相关权益问题进行担保。目前，只有贷帮众筹项目才会提供相应的担保，大多数平台不接受这种模式。股权众筹的特点可以概括为以下几点：

1. 融资速度快、成本低

与其他方式不同的是，股权众筹的效率较高、速度较快，这是股权众筹最大的特点。原因在于出资方与融资方通过互联网平台，双方直接对接完成交易。由于不需要经过很多中间的环节和路径，所以会省去很多不必要的过程，并能减少对资金的浪费。随着经济的不断发展，网络技术已经变得十分普遍，信息科技逐渐趋向大众化，投资者运用网络能够快速把握网站上的所有信息。网络技术的飞速发展，不仅为人们能够快速找到适于自己且有利可图的投资项目提供便利，还为项目的筛选提供了极大的便利性。不仅如此，股权众筹是基于互联网性质的平台，具有社交网络的特性，解决了投资双方信息不对称的问题，使得项目更加透明化，可信度更高。

2. 具有免费的市场推广

因为众筹平台是基于互联网进行运作，其本身属性就蕴含着大众媒体的属性，通过融资信息的传播与共享，从而实现社交的分享与共享。从项目本身来看，通过这种互联网形式的共享，参与项目本身也就实现了自身的推广，换句话来说，也就相当于做了一次免费而又高效的广告。

3. 创业者获益更多

与以往的金融服务相比，股权众筹具有特殊的非中介属性，从根本上颠覆了传统融资的 B2C 模式，为企业家提供了更多的选择和空间。在公司控制方面，企业家可以根据自己的需求选择出售股票和融资，这样使得创业者在融资环节中增加自己的话语权。这种方法极大地避免了在资本市场具有渠道优势的金融机构单方面侵犯公司利益，低价承销高价出售赚取差价的行为。

股权众筹与其他众筹相比，其最大的特点就是投资回报周期长，承担风险较大。我国针对众筹方面的相关政策还有待加强完善，监察人员对相关事项的监管力度有待加强，同时还伴随有道德风险、逆向选择、搭便车等问题的存在，所以，股权众筹的融资模式即便可以极大地提高中小企业的融资能力和融资速度，并能够有效降低融资成本，但股权众筹在我国的运用仍然较少。

二、权益型农业众筹

（一）权益型农业众筹在我国的发展

相较于其他众筹模式而言，权益型众筹是目前我国发展相对较快、发展也比较成熟的众筹模式。权益众筹是指投资者对项目或者公司进行投资，之后获取相应的产品或服务作为回报。权益型众筹平台发展空间巨大，此类众筹平台为多种行业提供了一个展示项目的舞台，包括农业、科技、艺术、影视等，属于综合众筹的范畴。

（二）权益型农业众筹特点

权益型众筹平台的项目名称中，梦想、情怀、创新、智能等关键词出现的频率比较高，很多出现在产品项目的简介中，引起投资人的共鸣。大多数权益型众筹平台上的产品项目，多以预售来提供实物或服务，筹款金额较低，所有投资人都可以参与到项目中来，回报时间较短，多受到大众投资者的青睐。随着现代人们生活水平不断提高，权益型众筹平台也呈现出了巨大的发展空间。

据艾瑞咨询统计，2014 年中国权益型众筹市场融资总规模达到 4.4 亿元，其中，综合类众筹平台融资规模达到 3.7 亿元，占比达到 84.1%；垂直类众筹平台融资规模达到 0.6 亿元，占比达到 13.9%。综合类众筹平台融资能力远高于垂直类众筹平台。2014 年中国权益型众筹市场项目数量达到 4 494 个，其中，综合类众筹平台项目总数达到 3 787 个，占比为 84.1%；垂直类众筹平台项目总数达到 482 个，占比为 13.9%（图 4-1）。

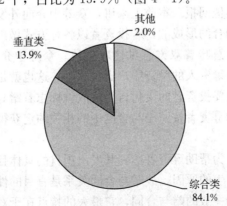

图 4-1　2014 年中国权益型众筹市场融资规模

据不完全统计，中小权益型众筹平台占据了目前平台总数的 80％以上，投资门槛低、项目审核快、项目来源广，在一定程度上解决了工业社会标准化生产带来的创新不足的问题，产品和服务可以满足少数有特殊需求的人，是创新和梦想的聚集地。九九众筹是此类平台的代表。

三、公益型农业众筹

（一）公益型农业众筹在我国的发展

公益型众筹模式是一种不计回报的众筹方式，它主要适用于公益事业。在公益型众筹模式中，支持者对于某个项目的支持，目的并不在于想要以自己的出资而获得回报，而是重在参与性和精神层面的收获，这样就使得他们的出资行为带有明显的公益性质。公益型农业众筹是非盈利性的，投资方更想获得的是成就感与深刻的社会价值。所以，公益型众筹更适于公益项目、对某个项目的无偿支持，例如，农村扶贫项目、山村留守儿童项目、乡村教师项目等。公益型众筹的投资者通常具有强烈的参与意识，一般项目的投资者是该项目的推动者。

公益型众筹意味着投资者与筹款人之间的法律关系本质上是一种赠与合同关系。《合同法》规定："赠与合同是指捐赠者免费给予受赠人财产，受赠人接受赠与合同。"

（二）公益型农业众筹特点

公益型众筹中，投资人作为捐赠的一方，而筹资人则作为受赠方。公益型众筹是无偿的，投资者不寻求回报向筹资者提供资金，而筹资者同样不需要向投资者提供经济或其他回报。本质上来讲，众筹中介向外发布慈善项目是由筹资者向投资者提供的合约形成的，若投资者以各种方式做出一定的承诺，并且筹资人接受赠与，就意味着双方意见达成一致。众筹中介作为双方的连接桥梁，投资者通过其向筹资人的融资账户支付款项，这也就是投资人承诺的具体形式。一般来讲，只要投资者的支付行为完成就标志着赠与合同的成立。合同一旦成立，投资者和募资者按照赠与合同中的相关约定获得相应的权利并履行相应的义务。

公益型众筹中，为帮助筹资者达到其发出项目的具体目的，投资者产生的行为就是赠与关系产生的原因，故赠与合同关系是有目的性的赠与关系。目的性捐赠不完全等同于一般的赠与合同，它最大的特点在于对受赠人而言，所获赠财产必须使用于特定用途，所以它虽然适用于赠与合同的一般规定，但投资者赠与的财产将用于特定项目而促成特定目的的实现。如果筹资者出现了不符合约定具体目的的行为，投资者只能主张缔约目的不能实现，依照不当得利原则请求筹资者返还赠与财产。应当指出的是，公益型众筹的公益性是从投资者和筹资者的角度考虑的，管理费作为众筹中介的收入来源和众筹中介生存的基础，众筹中介仍会将项目融资进度和募集资金额度作为衡量标准，来收取相应的管理费。

第五章

如何寻找众筹平台

农业众筹是在农业专业领域众筹的应用，是实现农业融资的新途径。农业众筹自 2014 年进入中国以来发展迅速。农业众筹利用互联网金融工具促进农业融资和农业发展，并对农业生产过程进行了创新。与传统融资方式相比，农业众筹资金明确了定位，投资者积极参与，信息不对称程度低，中小投资者参与意识强，农业企业家获得了更多的融资渠道。相较于传统的农业生产模式，农业众筹信息的对称性提高了，农产品滞销的风险降低了，生产者与消费者之间的联系也加强了。

农业众筹的开展基于众筹平台，众筹平台是众筹是否能成功的关键要素之一。众筹融资者和投资者会根据不同的目标和效用，做出不同的行为选择，而众筹平台则是两者之间的桥梁。能否有效的连接双方，提升资源配置效率，是推动整个农业众筹领域发展的关键。基于此，本章在对现有农业众筹平台研究的基础上，分析众筹平台存在的问题，为众筹平台的转型提升提供参考。

据众筹家旗下人创咨询统计，2018 年上半年全国众筹行业整体情况为：

截至 2018 年 6 月底，全国共上线过众筹平台 854 家，其中正常运营的为 251 家，下线或转型的为 603 家。运营中平台的类型分布为：股权型平台 80 家，权益型平台 75 家，物权型平台 48 家，综合型平台 34 家，公益型平台 14 家。2018 年上半年共有 48 935 个众筹项目，其中已成功项目有 40 274 个，占比 82.30%。2018 年上半年成功项目的实际融资额达 137.11 亿元，与 2017 年同期相比增长了 24.46%。2018 年上半年，成功项目前十大股权型项目和权益型项目融资额均突破 2 000 万元，在投资者中最受欢迎的 10 个项目均获得 5 万多人次的支持。

一、农业众筹平台类型分布

(一) 我国众筹平台

根据回报模式划分，众筹平台可分为互联网非公开股权融资类型（以下简称股权型)、权益型、公益型、物权型和综合型。在全国运营的 439 个众筹平台中，以物权型平台数量最多，共有 135 个平台，占 30.75%；权益型平台120 家，占 27.33%；113 个股权型平台，占 25.74%；综合型平台 61 个，占13.90%；公益型平台数量最少，只有 10 个，仅占 2.28%。

(二) 我国农业众筹平台

截至 2018 年 1 月 8 日，中国的众筹平台已上线 550 个〔为了配合农业众筹平台的类型，众筹平台不包括二手车众筹类型 (共 47 个)，仅对其余 503 个众筹平台分类〕。所有众筹平台中共有 16 个农业众筹平台，约占 3%，相对较低。由于中国农业众筹发展仍处于起步阶段，平台数量较少也属正常现象，这也预示着中国农业众筹平台的发展空间仍然非常大。根据农业众筹融资方式的不同，农业众筹平台分为权益型、股权型、公益型和综合型 (表 5-1)。

表 5-1　农业众筹平台类型

单位：家

平台类型	股权型	权益型	公益型	综合型	合计
众筹平台	149	236	5	113	503
农业众筹平台	2	9	0	5	16

数据来源：众筹家。

我国已上线的农业众筹平台中，股权型有 2 家、综合型有 5 家、权益型有9 家。相较之下，占比较高的为权益型农业众筹平台，占比高达 56.25%，这说明了在农业众筹行业中，权益型农业众筹的市场份额较大，从侧面也反映出我国权益型农业众筹有较强的发展潜力和市场需求。

二、农业众筹平台地域分布

截至 2017 年 1 月 8 日，550 个运营平台分布在 25 个省级行政区域，可以说，众筹平台已经基本遍布全国，说明众筹在全国的认知度已经大大提升了。再进一步观察我们发现，这些众筹平台集中在经济较为发达地区，如北京、广东、山东、上海、浙江和江苏等地。我们将这 550 家众筹平台和 16 家农业众筹平台的地域分布情况表示在图 5-1 中。

从整体来看，经济发达的沿海省份所拥有的众筹平台较多，而中西部欠发达地区拥有的众筹平台数量有限。其中，北京众筹平台数量最多，共有 111家，占比 20.26%；紧随其后的是广东和山东，共有众筹平台 100 个和 92 个，分别约占 18.25% 和 16.79%；之后是上海（63 个）、浙江（40 个）和江苏（30 个）；以云南省为代表的中西部省市平均拥有不超过 5 个众筹平台。其中农业众筹平台分布在北京、山东、广东、上海、江苏、江西地区的数量分别为 16 家、5 家、5 家、3 家、1 家和 1 家。显而易见，众筹平台和农业众筹平台的地域分布呈现不均衡的特征。可能是由于经济发展水平的不同、互联网金融发展程度的不同、创业政策环境的不同等原因，导致农业众筹平台的分布存在明显的区域差异。

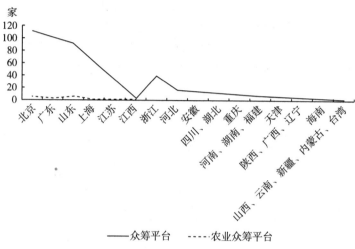

图 5-1　农业众筹平台地域分布

三、农业众筹项目的主要发布平台和融资分布

根据各种农业众筹项目发布平台所收集的数据，表 5-2 将农业项目数从多到少进行排序。从中可以看到，共有 2 250 个农业项目出现在 88 家众筹平台上，其中有 60 家平台农业项目数小于 6 个。

表 5-2　农业项目的主要发布平台

平台名称	平台所在地	农业项目数	成功项目数	失败项目数	项目成功率（%）	平台类型	是否为农业专业平台
众筹网	北京	834	478	2	99.58	综合型	否
淘宝众筹	浙江	741	559	0	100.00	综合型	否
苏宁众筹	江苏	83	64	0	100.00	权益型	否
点筹金融	广东	79	79	0	100.00	权益型	否

（续）

平台名称	平台所在地	农业项目数	成功项目数	失败项目数	项目成功率（%）	平台类型	是否为农业专业平台
轻松筹	北京	65	0	0	0.00	综合型	否
大家种	北京	51	20	31	39.22	权益型	是
有机有利	山东	32	32	0	100.00	权益型	是
九九众筹	山东	28	11	12	47.83	权益型	否
人人天使	北京	18	16	1	94.44	综合型	否
贷帮众筹	广东	17	5	9	35.71	综合型	否
梦立方	上海	16	2	14	12.50	权益型	否
梦创众筹	四川	15	0	12	0.00	综合型	否
梦想帮	广东	15	7	8	46.67	权益型	否
融e邦	广东	13	7	5	58.33	权益型	否
大伙投	安徽	12	3	9	25.00	综合型	否
凤凰金融	北京	12	10	0	100.00	权益型	否
青橘众筹	上海	12	5	7	41.67	权益型	否
咱们众筹	湖北	11	11	0	100.00	综合型	否
百等网	上海	10	2	4	33.33	权益型	否
蜂巢众筹	北京	9	0	9	0.00	权益型	是
众筹中原	河南	9	2	4	33.33	权益型	否
点名时间	北京	7	1	6	14.29	权益型	否
66众筹	北京	6	3	0	100.00	综合型	否
博智众筹	云南	6	4	1	80.00	综合型	否
欣生活	北京	6	3	1	75.00	综合型	否
益筹网	重庆	6	1	4	20.00	综合型	否
众创空间	北京	6	6	0	100.00	权益型	否
资本汇	浙江	6	0	0	0.00	股权型	否

数据来源：众筹家。

表5-2中列出了28家众筹平台发起的2 125个农业项目，从中可看出：

（1）"众筹网"和"淘宝众筹"是农业众筹的核心平台，农业众筹项目占众筹总数（1 575家）的70.00%。其中，排名第一的"众筹网"农业项目占比37.07%，处于明显的领先地位。

（2）权益型平台和综合型平台是农业项目发布的主要平台，而非股权型平台。在28个众筹平台中，有12个综合型平台和14个权益型平台，股权型平台有2个。从中可以看出，农业众筹更热衷于权益型和综合型平台。

（3）我们将项目成功率定义为"平台上所有成功的项目数除以成功项目数与失败项目数之和"，该指标反映了平台的众筹能力。其中有8个平台的项目成功率达到了100%，反映出这8个平台具有较强的农业众筹能力。而蜂巢众筹发起的9个农业项目都以失败告终，说明"蜂巢众筹"的农业众筹能力相对较弱。

（4）农业专业平台的发展速度缓慢，表中仅有3个农业专业平台。其中作为农业专业平台的"大家种"和"蜂巢众筹"大多数项目已失败。

（5）"有机有利"是发展较好的农业专业平台，目前项目成功率为100%，属于权益型众筹平台。"有机有利"位于山东省，而山东省是农业大省，农产品种类繁多，为"有机有利"农业众筹的发展提供了诸多便利。

（6）"众筹网"农业项目数超过"淘宝众筹"，至2015年6月，"众筹网"发布农业项目总数位居第二，"淘宝众筹"第一，而12月统计数据显示，"众筹网"已发布834个农业项目，而"淘宝众筹"发布741个农业项目，"众筹网"已领先于"淘宝众筹"。可见，在2015年下半年，"众筹网"农业众筹发展速度十分迅猛。

（7）根据2015年6月的数据显示，农业项目的发起集中在20家众筹平台，而截至2015年下半年，农业项目的发起平台已增加至88家。由此可见，多家众筹平台开始进入农业这一细分市场。部分项目受到投资人的热捧，如"淘宝众筹"发布的农业项目"挪威冰鲜三文鱼500克/份，挪威驻上海商务领事推荐"，众筹5天就已大大超额完成预期筹集资金，已筹比例高达10 034.00%，投资人数达5 017人，此项目众筹周期短，筹集金额完成率高说明该项目受到投资人的强烈拥护与支持。

第六章

农业众筹项目书

要想写好一份农业众筹项目书，首先应明确制定农业众筹项目书的目的以及这份项目书对本项目的重要意义。

一、撰写农业众筹项目书的目的

制定农业众筹项目书的主要目的有以下几点：

第一，分析农业企业的外部环境，明确农业企业环境存在的机遇和威胁，制定对策。

第二，了解农业企业的利弊，从而确定企业的发展方向，在扩大优势的同时减少劣势。

第三，分析农业企业的发展趋势，以帮助企业应对未来的挑战。

第四，为农业企业下一步发展提供明确的目标和方向，为其目标的评估和管理提供依据。

第五，规划的细化和完善，有利于农业企业员工深入了解企业目标，达成共识。

第六，提高农业企业在农业众筹项目发展过程中的管控能力。

二、撰写农业众筹项目书的意义

农业众筹项目要获得持久的竞争优势，就必须有清晰的发展规划思路。从竞争角度看，项目计划书对于本项目有以下重要意义：

第一，在未来一段时间内，众筹项目的共同目标可以更清楚地被项目发起方的内部员工所掌握。

第二，对未来各阶段的工作重点和资源需求有明确的认识和把握，使农业企业更具有针对性和原则性地调整组织结构并进行资源整合，进一步维护农业企业组织结构与战略的匹配，最大化资源价值。

第三，项目发起方的职能战略在未来一段时间较为明确，农业企业内部的职能部门和项目组织能够清楚地了解他们应该做些什么，然后鼓励他们积极完成，甚至超过他们的目标。

第四，明确项目本身的优势（S）、劣势（W）、机会（O）、威胁（T），使农业企业能够更加从容应对市场的机遇和变化，有利于完善农业企业决策方法，提高风险控制能力和市场应变能力，进而提高农业企业的持久竞争力。

三、农业众筹项目书示例

一般来说，一份完整的农业众筹项目书应包含以下部分：

第一章　执行摘要

1.1 项目名称

1.2 项目单位

1.3 项目简介

1.4 商业模式

1.5 盈利模式

1.6 市场分析

1.7 战略规划

1.8 营销策略

1.9 财务评价

第二章　产品与服务

2.1 产品种类

2.2 服务系统

第三章　商业模式

3.1 项目定位

3.2 运营模式

3.3 盈利模式

第四章　市场分析

4.1 市场定位

8.3 财务评价

第九章　风险分析

9.1 经营风险分析
9.1.1 市场风险
9.1.2 产品风险
9.1.3 价格风险
9.2 技术风险分析
9.3 经济风险分析
9.4 技术团队流失风险

附件

第一章，执行摘要是后续章节的浓缩，应根据众筹产品及企业的实际情况如实编写，长度不超过2页。

第二章，产品及服务主要应包括企业要众筹的产品或服务是什么，能为客户解决什么问题，有什么专利或知识产权；企业的典型客户是哪些类型，已经有哪些客户，潜在客户有哪些，等等。

第三章，商业模式主要包含产品和服务如何到达客户？市场推广方法和销售手段是什么？通过什么样的产品及服务，如何实现收入和利润？收入经过哪些渠道、如何从客户至企业？等等。

第四章，市场分析应包含行业的发展现状及趋势是怎样？企业从事的细分领域的现状及发展前景分析；市场的销售收入空间及规模分析；企业发展的优劣势、外部机会和威胁分析；同业竞争对手的对比分析，及潜在竞争对手分析。

第五章，战略规划应包含企业在众筹产品种类、服务模式、人员设置、市场推广、业务地域、客户开发、资本投资等方面的3～5年发展规划。

第六章，营销策略包括众筹产品的价格、推广、销售渠道等方面的策略。

第七章，投资金额中，企业如果有经营历史，应提供历史的财务报表（以损益表为主）。企业在未来3～5年的财务预测，重点是损益表的预测，为了减少误差，第一年的按月预测。

第八章，财务分析应包含企业本次融资需求的资金量（通常是能够满足企业1年至18个月左右的发展需要），及企业愿意出让的股权比例，提供资金的具体的使用计划等。

第九章，风险分析主要应包含对农业企业未来运营中面临的风险，以及众筹产品和众筹过程等本身的风险分析。

最后，附件当中应提供农业企业的营业执照正本、组织结构代码证正本、税务登记证正本、银行开户许可证，以及对本项目有利的政策法规等。

当然，在众筹平台上进行项目发起时，以上项目书中的十个部分并不会全部展示在网络平台上，这时，我们还需要撰写一份适用于网络平台发布的项目书，而这份项目书可以稍简单一些，着重突出亮点。主要包括五个部分：项目背景、项目介绍、筹资方式、投资人享有的权利以及发起人寄语，其中项目介绍应作为重点进行突出。下面，我们举一个简单的例子，供大家参考。

生态农业旅游项目众筹策划方案

一、项目背景

某某市是一个著名的旅游城市，丰富的历史人文景观和美丽的市容吸引了大量的游客。随着假日的增多，市区居民的休闲旅游的兴趣也越来越浓，不少市民崇尚回归自然、返朴归真的农家乐假日休闲旅游。而近郊农村现代农业生态模式的建立，可大力发展生态旅游，将生态农业区的建设与生态旅游的建设统一起来，提高产业间的关联度，带动其他产业的共同发展。这不但为某某市提供了新的旅游项目，同时还宣传了生态农业科普知识，增加了农民的收入，提高了经济效益，实现经济与社会的全面发展与进步。本项目采用现代农业生产模式，加大科技兴农力度，调整和优化村经济结构，进行山水农业综合开发，通过示范园的建设将农业的产前、产中、产后各环节联结成一个完整的产业链条，进行产业化经营，实现农业生产与农民收入持续稳定增长。通过示范园的建设，起到生产技术、生产方式、经营模式、消费方式和直接参与等方面的示范样板基地的作用，带动某某镇和周边地区农村运用高新生物技术走高产、优质、高效、低耗和无污染的生态新路子，实现该地区从农业资源型开发向农业科技型开发的转变，达到生态效益、经济效益和社会效益的有机统一。

基于此，现将某某镇生态农业旅游项目服务共享给我的好朋友。

二、某某镇生态农业旅游项目介绍

（一）项目简介

以生态农业为基础，以市场为导向，以科学技术为支撑，以经济利益为核心，生产高产、高效、低消耗、无污染、无公害的花卉、水果、蔬菜、牲畜和家禽产品。建设多功能休闲公园，集餐饮娱乐、钓鱼、休闲、游乐、园林绿化、农村情怀于一体。休闲园区的规划结构如下：休闲集装箱客房区、采摘区、观光作物区、DIY农场亲子乐园、特色狩猎区等。利用现代营销手段积极发展观光采摘业。

在生态农业示范园的基础上，立足生态农业园山清水秀、绿色环保的特点，充分利用生态农业园的自然景观，形成"可览、可游、可居"的环境景观和集"自然—生产休闲—康乐教育"于一体的景观综合体，发展体验农业与观光农业相结合的特色旅游。

（二）项目文化

项目愿景：成就庄园主的梦想。

项目使命：整合最高端人脉，整合最前沿资讯，发展绿色农业。

价值观：私人尊享，值得拥有。

项目原则：开放、尊重、绿色、共赢。

（三）商业模式

众筹，筹集资金、人脉、资源智慧等，加DIY农场会员，加生态农产品VIP会员配送，加微信平台销售。

（四）组织架构

（五）盈利模式

1、收取年度服务费3万～5万元。年营业额300万～500万元。

2. 某某镇生态农业旅游项目农产品销售所得。

3. 生态农业园旅游观光狩猎、采摘等所得。

4. DIY农场出租所得。

5. 休闲货柜客栈出租所得。

三、合伙人模式

1. 对象条件：成功人士或奋斗人士。

2. 合伙人数：100人。

3. 参与方式：认筹原始股份。

4. 认筹标准：3万元/股。

5. 认筹规模：100股，共占比50%。

四、合伙人享有的权利

1. 成为某某生态农业产业园股东。

2. 尊享某某生态农业产业园DIY农场亲子乐园区免费使用权。

3. 尊享某某生态农业产业园休闲货柜客栈免费使用权。

4. 尊享某某生态农业产业园特色水果蔬菜采摘区免费使用权。

5. 尊享某某生态农业产业园特色狩猎区免费使用权。

6. 尊享某某生态农业产业园烧烤区免费使用权。

7. 尊享某某生态农业产业园垂钓区免费使用权。

8. 尊享由某某生态农业产业园为股东配送的生态农产品。

五、发起人寄语

以上就是一个在众筹网络平台发起的农业众筹项目的项目书，需要注意的是，在众筹平台发起项目时，一定要添加发起人的照片，并且形象要尽量好，这将有助于项目的成功融资。

第 七 章

农业众筹的运作流程

一、农业众筹运作步骤

第一，需要获得资金的一方，要根据商业项目需求制定相应的计划书，然后将其传到相应的平台上，让投资者可以清楚了解各方面内容，如融资期限、股份、融资金额等。

第二，众筹平台在获得资金需求者的商业项目需求计划，会对其相关内容进行审核，确保所有信息准确、真实、符合当前投资情况，最终才会在平台上发布其项目信息。

第三，若该项目通过了所在平台的审核，平台将会确定项目具体的发布时间。

第四，潜在投资者在平台上可以清楚地看到其所感兴趣的项目的必要信息，然后在项目规定的时间内提交申请，并缴纳相应比例的定金。

第五，一个商业项目规划，在众筹平台上获得了预期的融资金额，那么就意味着该众筹取得了成功。若未能达到预期的额度，这就意味着该众筹没有取得成功，因此，资金将会退还给其投资方。

下面以农业股权众筹为例来说明：

农业股权众筹主要分为两个阶段来进行。第一是土地众筹，主要是在线下完成，这个环节的重点在于项目的发起方能够发动农民，使大家最终能够达成一致。发起方一般包括乡镇政府、农村合作社、当地知名农业企业等。第二个阶段主要指线上阶段，这种方式与其他众筹平台的业务较相似（图7-1）。由于农业股权众筹关系到了两个不同的阶段，所以平台不能只专注于线上阶段，更应注重帮助项目发起人做好发动农民的工作。

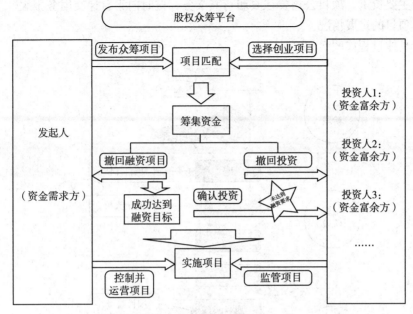

图 7-1　农业股权众筹的流程图

二、农业众筹融资过程

第一，在一定范围内的土地所有者要达成一致，然后确定好众筹项目、筹集资金、股权转让等要素。所在区域农村合作社或者县、镇政府都可以作为发起方。

第二，将项目上传平台，只把必要信息公开一部分，同时预热购买模式。项目预热期可以根据各个项目的具体情况进行调整，在项目预热期间，潜在的领投者可以与项目方进行会谈，项目方可以对领投者做若干场次路演，与最终于确定的领投者再次进行众筹项目的筹集金额、出让股份等的敲定，同时还需要确定领投者的入股比例，以及技术、人员、渠道等方面的增值服务，正式申购时间等。

第三，项目开启申购。其他符合条件的合格的投资者都可以看到详细的项目资料，投资者要在规定的时间内确定好投资额度，并将资金汇入平台的专属账户。

第四，在申购期内完成总体申购额度的项目为众筹成功，未完成则代表项目众筹失败。成功的项目将会进入实质性的运营阶段，项目的后续监管工作由平台主要负责。项目公司要认真履行其义务，按时向平台递交财务报表，及时回报项目的进展情况。

具体过程如图 7-2。

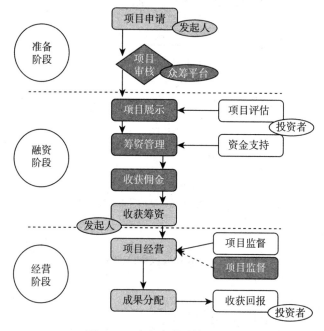

图 7-2　农业众筹融资过程图

项目核心要素主要是以下方面：

（1）农业行业的特殊性决定了农业股权众筹投资者的主体是农民，众筹资产是土地使用权。

（2）农业股权众筹的重点包括两个方面，一是项目提交前的筹备工作，二是获得投资后与领投机构的合作。而平台信息发布主要有两个作用：第一个是解决信息不对称的问题，第二个是帮助众筹项目做初步推广作用。

第八章

农业众筹的风险防范

一、农业众筹风险防范机制建立的几点建议

（一）明确、完善农业众筹行业相关政策

农业众筹行业的发展受政策环境的影响，有关政府部门应该出台相关扶持和监管政策来完善监管体系，从而规范农业众筹行业的发展。清晰的农业众筹行业政策，可以免去处在观望态度的人对农业众筹行业的担忧，从而积极投入农业众筹行业。

（二）有关监管部门应建立监管体系，并培育行业社会监管组织

农业众筹环节众多，且各个环节都存在较多的风险点，因此加强对农业众筹项目进展的全程监管是十分必要的。不仅要考察农业众筹项目发起者的履责情况，还要对农产品的生产过程和产品质量进行审查；同时也要引导农业众筹支持者及时关注农业众筹项目进展情况。有关监管部门应该鼓励社会监管力量参与对农业众筹行业的监管，并培育行业社会监管组织。有关监管部门还应该提高农业众筹项目的准入门槛和监管力度，建立监管体系，从而实现对农业众筹整个过程的全面把控，确保农业众筹行业的规范化操作，确保农业众筹的可持续发展。

（三）农业众筹平台应建立审核体系，完善审核程序

概括而言就是既要对项目发起者和支持者的身份进行审核，又要对农业众筹项目的质量进行把控。作为农业众筹的重要组成部分之一的农业众筹平台，要对农业众筹项目发起人的资质、经营能力和信誉条件进行审核；对农业众筹项目的原创性、真实性和可行性等方面的信息进行核实；对支持者的信用和风险承受能力进行检查和核实。总而言之，农业众筹平台的审核既包括对项目发起人和支持者的身份验证，也包括对农业众筹项目的质量控制。

（四）进行资源整合，培育第三方服务机构

农业众筹是互联网金融模式之一，农业众筹平台可以整合金融科技资源，以技术为驱动，运用金融科技对农业众筹平台进行优化，从而提升农业众筹平台的运营效率。扶持第三方机构发展农业众筹服务内容。例如扶持保险行业开拓农业众筹保险业务，并鼓励项目发起者及投资者购买农业保险，当面临突如其来的自然灾害风险及市场风险时，能够弥补发起者和支持者的一部分损失。

（五）提升农业众筹物流服务水平，打造城乡一体化服务体系

农产品的运输对物流条件要求较高，且农业众筹项目大部分需要异地运输，提升农业众筹物流服务水平对农业众筹的发展至关重要。目前，我国农村物流水平落后于城市，农村物流的"最后一公里"问题还很突出，农村物流问题也成为农业众筹发展的瓶颈。因此创新农业众筹物流发展模式，对物流资源进行整合，从而形成规模效应，使农业众筹物流的成本得到降低。同时加大对农村物流基础设施建设的投入力度，使农村物流水平进一步提升，打造城乡物流一体化的服务体系，助推农业众筹行业的发展。

二、农业众筹的内外部风险防范机制

农业众筹的风险主要来源于内部风险和外部风险，结合农业众筹的实际运作流程，分别对农业众筹内部风险防范和外部风险防范提出建议。

（一）农业众筹的内部风险防范机制

对农业众筹内部风险的控制通常分为事前、事中和事后三方面。为保证农业众筹融资的顺利进行，内部风险的控制尤为重要。农业众筹融资的过程分为三个阶段：项目的准备阶段、项目的启动阶段和项目的实施阶段，可以从事前、事中和事后的不同阶段入手来提出不同的应对措施。

1. 应当优化设计农业众筹项目

农业众筹项目本身的质量和市场价值的高低是农业众筹成功的基础。在农业项目众筹的筹备阶段，公众是否支持和认可项目本身是发起者应当重视的问题，同时项目发起者也要关注项目融资的期限、目标、展现方式和对潜在支持者的回报。随着不断扩大的农业众筹规模，对农业众筹的风险防范越来越重要。

（1）合理设置目标融资额度。 是否设定了合理的农业众筹项目的目标融资

额会直接影响融资结果。目标融资额过高会使支持者对发起者及其项目产生质疑；过低的融资额则无法得到潜在支持者的关注。发起者所追求的是花费最少的成本，获得最大的利润。因此必须建立科学合理的定价机制，既要保证项目可以成功融资，又要获得最大的利润。很多因素都会影响农业众筹项目的最终融资额度，例如潜在的支持者数量、支持者的收入水平、支持者对农业众筹的认可度、支持者对农业众筹项目的偏好等。只有设计出超出支持者预期的项目，农业众筹项目的发起者才能为自己的定价赢得更多筹码。

（2）合理设定农业众筹期限。农业众筹的成功率也受单个农业众筹项目的融资时间长短影响。Paul Belleflanmie 等（2010）通过研究发现，较长的融资时间会向潜在的支持者传递一个负面的信号，从而降低了成功融资的可能性；而较短的融资时间，向潜在支持者传递了项目发起者对该项目的信心，更容易获得潜在支持者的支持和信任。现实中，发起者为了募集足够的资金，往往希望通过增加时间来获得更多用户的关注和支持，因此在设定融资天数时会进入一个融资时间长从而融资额度会增加的误区。虽然目前对最优时间的设定在理论界还没有形成科学的计算方法，但农业众筹项目的发起人可以参考同类型的成功项目来设定合理的估算时间，以增加成功融资的概率。

（3）合理选择项目展示方式。通过农业众筹平台强大的功能，尽可能多地展示产品或项目的优势和特点，是农业众筹融资的一大创新。Mollick（2013）认为，项目的成功受可识别的质量信号影响，文字、图片、视频影像等是目前项目展示的主要方式。图片或者视频影像带给人以良好的视觉效果，而单纯的文字阐述则会使人感到枯燥乏味，显示不出项目的创意与特色。Xu 等（2014）通过研究 Kickstarter 的项目发现：持续更新的项目在众筹融资的过程中的成功率，远远高过没有更新的项目，不断更新的项目信息会增强潜在的支持者对项目的信任度。

（4）合理设计项目回报方案。回报设计是指发起人选择的回报形式和制定的回报激励机制。Kool（2011）指出，公益、股权、权益等形式为众筹回报的主要形式。不同的回报形式适用于不同的项目类别和风险水平。因此，在选择回报形式时，农业众筹项目发起人需要综合考虑自身的战略规划和融资动机。同时，设置不同档次的回报内容和多个子项目，可以帮助提高公众对项目的支持，同时也可以避免支持者"搭便车"的现象。

2. 设立针对支持者的激励机制

在项目的启动阶段，支持者可以通过发起者在农业众筹平台进行的创意项目"路演"，根据自己的喜好和对项目的评估来决定是否给予发起者以资金支持。在这个阶段，发起者主要的任务是尽可能在最短的时间内赢得最多的支持者，匹配潜在支持者。因此这一阶段的关键在于提高公众投资人参与的积极性，实现利益相容。了解潜在支持者的参与动机，配合制定合理的激励机制，是发起者匹配公众偏好与农业众筹项目成功的关键。

3. 提升项目执行能力

Hui 等（2014）明确指出，项目融资的成功并不是众筹的终点。成功融资后团队如何管理、如何实施农业众筹项目、怎样履行对农业众筹支持者的承诺等，这些都是农业众筹项目发起人在项目的实施阶段需要面对的关键问题。在有关农业众筹项目实施风险，提升农业众筹发起者的项目执行能力等方面，需要重点考虑以下两点：

（1）建立项目管理团队。 在农业众筹融资过程中，对农业众筹融资活动的管理需要项目发起者建立专门的项目管理团队。首先，农业众筹是一种新兴的互联网融资模式。项目发起人可能无法系统全面地掌握其流程和操作。因此，为了有针对性地进行开发，有效避免在农业众筹融资过程中可能存在的困难和风险，项目管理团队可以深入研究农业众筹融资模式。项目发起人的创意项目通常是概念产品，产品的技术仍处于实验或研发阶段，关于产品是否能够开发成功的不确定性很高。因此，为突破技术问题，需要专业的技术人员来保证新产品的研发、生产。项目的策划、组织、管理和控制主要由管理团队负责，团队要运用现代的管理理念，建立内部管理制度和约束机制，科学进行决策，保证项目的顺利进行。农业众筹融资项目的成功，与优秀的项目管理团队，良好的组织和运营能力息息相关。

（2）充分利用农业众筹平台的反馈机制。 与传统融资方式相比，农业众筹融资是基于互联网的一种融资新形式。农业众筹可以缩短发起者与支持者的距离，有效摆脱地理因素的制约，实现无缝对接。同时，农业众筹平台可以减少信息不对称，实现发起者与支持者双方之间的交流互动，形成一种自我反馈机制。一方面，通过潜在支持者对农业众筹项目的反馈，项目发起者可以获得市场调查报告，从而对大众偏好进行系统的判断和分析，提供更加迎合市场需求的创意产品；另一方面，通过吸收社会大众对产品改良和功能改进的反馈建议，农业众筹项目发起者可以优化自己的农产品设计，提高后期农产品推出的成功率。

综上，在项目的筹备过程中，为了优化农业众筹项目的设计，农业众筹项目的发起者可从融资项目时间设定、融资额度确定、项目展现方式、回报设计等方面着手。在项目初始阶段，为了建立潜在支持者的激励机制，需要农业众筹项目发起者从潜在的支持者参与动机的角度来考虑。农业的众筹项目发起者需在项目的实施过程中成立项目管理团队，以增强农业众筹项目发起者的项目执行能力，农业众筹项目发起者应充分利用农业众筹平台的反馈机制。

（二）农业众筹的外部风险防范机制

1. 加快农业众筹平台建设

作为资金供给与需求双方沟通交流的一个渠道，发起者与支持者的直接联系通过农业众筹平台得以实现。农业众筹平台对农业众筹项目的申请、审核、发布到实施方面起到了无可代替的支持作用，农业众筹平台的吸引力在很大程度上影响了潜在支持者参与农业众筹的积极性。为了给农业众筹项目的发起者和支持者创造一个良好的投资及融资环境，我国应加快对农业众筹平台的建设。

（1）构建第三方资金托管中介机制。不规范的农业众筹平台的资金管理，使农业众筹融资的风险明显增加，严重阻碍了农业众筹活动的发展。为了保障资金的安全，有效进行农业众筹平台的信用风险防范，农业众筹平台应构建独立的第三方资金托管中介机制，不得直接管理项目筹集资金，不得为农业众筹项目发起者提供担保，不得建立资金池。构建第三方资金托管中介机制，需要将农业众筹平台自有资金和农业众筹项目筹集资金进行隔离，建立风险隔离机制，对农业众筹项目筹集资金实行第三方托管（一般为商业银行）。农业众筹平台应与第三方资金托管中介机构建立良好的合作关系，委托信誉良好的商业银行和其他第三方资金托管中介机构进行农业众筹项目筹集资金的收支业务。在农业众筹融资过程中，农业众筹项目所筹集的资金始终存放于第三方资金托管中介机构，完全与农业众筹平台自有资金隔离开来，从而避免了农业众筹平台占用或挪用项目筹资款，降低了农业众筹平台的信用风险，确保农业众筹项目发起者和支持者的资金安全。

（2）完善农业众筹平台的内部管理。目前，我国的农业众筹平台内部管理混乱，运行机制尚不完善。农业众筹融资区别于传统融资之处在于农业众筹平台的中介服务功能，农业众筹项目展示由农业众筹项目发起者在农业众筹平台上进行。与潜在支持者进行交流互动，传递项目信息和资源，在此过程中，农业众筹平台作为一个媒介，掌握了大量的交易信息，对农业众筹融资过程起着举足轻重的作用。因此，为了更好地为农业众筹项目的发起者和支持者提供科学的指导和专业的服务，农业众筹平台应通过不断完善内部管理体系，提高信誉水平和服务质量，从而创造一个良好的平台环境。

首先，应促进农业众筹平台内部管理制度的建立，规范农业众筹平台的规章制度，使业务流程得到优化，严格执行项目的审核标准和审核流程，打破信息的不对称，防止农业众筹平台的逆向发展，有效的防范选择风险和道德风险。其次，要成立项目审核小组。在项目准备阶段，为协助农业众筹项目发起人做好初步规划和准备工作，应科学地评估农业众筹项目的可行性和风险性，发布风险防范预警。在项目的启动阶段，通过各种形式指导农业众筹项目发起者做好项目展示，凸显项目的优势，积极协调各方资源，充分提高潜在支持者的关注度。在项目的实施阶段，通过对农业众筹项目发起者提供科学的指导，监督跟进项目进展的情况，确保项目能够顺利完成，促使农业众筹项目发起者与支持者实现双赢。最后，要注重提高农业众筹平台操作人员的服务能力和业务水平，规范操作制度和流程，来避免农业众筹平台操作的风险。

(3) 提高互联网网络安全技术。 应尽快建立我国农业众筹融资网络的安全技术标准，大力支持网络安全技术研发，提升网络安全技术水平，建立有效的农业众筹融资网络安全防范体系，使网络安全风险的防范能力得到增强，使项目发起人与支持者的信息安全和资金安全得到充分保证，努力营造出一个安全的网络融资环境。

2. 健全农业众筹融资的法律体系

农业众筹作为融资民主化和金融市场化的发展方向，反映了互联网金融的特点，为有效解决农业众筹项目发起人的融资困难问题提供了解决方案。目前我国农业众筹融资面临严峻的法律障碍，影响了农业众筹项目发起者开展众筹融资，因此要加快农业众筹融资法律体系的建设。

(1) 将农业众筹融资纳入法律范畴。 我国应立足于自身现实，同时借鉴美国、英国、法国等国家农业众筹的立法经验，尽快制定专门针对农业众筹的法律法规，确立农业众筹融资的法律地位。一方面，从法律的角度出发，有必要向众筹项目发起者解释其有可能涉及非法集资和非法发行证券等问题。另一方面，应借鉴国外先进经验，推进农业众筹融资的立法进程，从融资项目类型、融资时间、融资金额、回报方式、公众投资者数量、投资规模等层面制定我国农业众筹融资标准，通过法律的方式保障农业众筹融资。

(2) 注重农业众筹知识产权保护。 农业众筹项目发起人关注的重要问题之一是知识产权保护，农业众筹产业的快速发展离不开良好的产权环境。因此，有必要在农业众筹的融资过程中建立知识产权保护机制，寻求项目展示和产权保护之间的平衡点。

首先，在项目的准备阶段中，农业众筹项目发起人所拥有的知识产权应当登记备案；其次，对于在项目展示过程中有可能面临的知识产权风险，农业众筹项目发起者拥有知情权，以便项目发起者来决定是否公开与公开的程度；最后，为方便农业众筹项目发起者及时调整项目展示程度，要与社交网络开展积极合作，设计个性化的信息披露制度，同时对于农业众筹创意项目的关键环节和重点部分，仅仅向潜在的农业众筹项目支持者进行披露。这样能够充分保护农业众筹项目发起者的利益，有效实现对知识产权的保护。

（3）建立专门的农业众筹融资监管机制。不同于传统融资，农业众筹融资所涉及的资金规模比较小，不适用于传统融资的监管机制，因此建立专门的监管标准很有必要。具体来说：首先，监管主体要明确。对不同类型的农业众筹模式进行分类监管，确定相应的监管部门，防止重复监管和错位监管。目前我国的股权型农业众筹已被正式列入证监会的监管范围之中，尚未确定其他农业众筹类型的监管主体。我国应借鉴国外先进的监管经验，在中国人民银行的指导下，由工信部和商务部负责农业众筹的融资网络建设和运营方面的监管，确保我国农业众筹融资的健康发展，从本质上降低农业众筹项目发起者可能会引起的法律风险。其次，成立农业众筹行业的自律组织。伴随不断扩大的农业众筹融资行业规模，农业众筹行业的自律组织应当逐步建立起来，从而为整个行业的良好有序发展构建自我保护的机制。一方面，行业内部资源的整合，资源配置的优化，合作创新同盟的形成，得益于农业众筹行业的自律组织；另一方面，农业众筹自律组织，在加强与监管部门的交流与沟通，推动制定农业众筹行业规则和标准，引领行业发展方向等方面的作用是巨大的。最后，要制定规范的监管。由于农业众筹融资基于互联网金融模式，要遵守有效适度的监管原则，既要保证适当的监管力度，也要合理有效地防止农业众筹融资的风险。在借鉴国外先进的监管制度的基础上，制定专门的监管制度和规范，形成我国农业众筹融资发展的特有路径。通过设立农业众筹平台的市场准入原则，使农业众筹平台的运行流程得到规范，同时明确规定农业众筹项目发起者与支持者的权责与义务，对农业众筹融资的实施过程进行监督，使我国农业众筹融资的监管基础得到进一步加强。

综上，对外部风险控制来说，一方面需要加快农业众筹平台建设，如构建第三方资金托管中介机制，完善农业众筹平台的内部管理，提高互联网网络安全技术等，明确农业众筹平台的中介角色和职能定位，为农业众筹项目发起者和支持者营造良好的平台环境。另一方面需要尽快健全农业众筹融资的法律体系，出台有关对农业众筹融资的法律法规，建立农业众筹融资监管机制等，使农业众筹融资得到法律上的保障，从而引导农业众筹行业向健康的方向持续发展。

第九章

农业众筹的环节

    无论是哪种类型的农业众筹，基本都包含三个环节，即众筹项目筹备环节、项目实施环节、项目收尾环节。一个真正成功的农业众筹项目，不仅要做好前期项目筹备工作，还要在众筹融资成功后如约履行对支持者的承诺。众筹的支持者主要参与后两个环节。

一、农业众筹项目筹备环节

    农业众筹项目筹备环节中，项目发起人需要对众筹产品、企业、消费者、选择哪个众筹平台作为依托、平台收费标准、发起众筹需要哪些资质、众筹过程中可能面临的风险等多方面进行全方位调研准备。例如，本产品与其他同类产品相比的独特点是什么，该产品的主要消费者有哪些，预计需要筹集多少资金，预计给支持者的回报是什么，等等，这些都应在项目筹备环节充分考虑。

二、农业众筹项目实施环节

    项目实施环节是整个农业众筹过程中最主要也是最重要的一环。在这一环节中，项目发起人需要在选定的众筹平台上上传项目信息，上传之前一定要认真阅读众筹平台对发起项目的规定，否则容易造成审核不通过，甚至众筹失败，前功尽弃。下面以众筹网（http：//www.zhongchou.cn/）为例，众筹网平台对农业项目发起的规定如下：

1. 什么人可以发起项目

    （1）已满18周岁有完全民事行为能力的人，未满18周岁者请由监护人协助提供相关资料。

    （2）中华人民共和国公民，或能提供长期在中国居住证明的非中华人民共和国公民，并在网站需要时，按照网站要求，提供必要的身份认证和资质认证，根据项目内容，包括但不限于身份证、护照、学历证明等。

（3）拥有能够在中国地区接收人民币汇款的银行或者支付宝账户。

（4）众筹网的注册用户，已仔细阅读、同意并无条件接受众筹网的《服务条款》所涉全部内容。

2. 如何发起项目

在成为众筹网注册用户后在网页上方点击"发起众筹"，根据提示将页面中的"基本信息""项目信息""项目详情""回报设置"四个板块填写完整后，生成"发布"标签，仔细阅读《众筹网合作协议》并确认后，便可提交审核。

3. 项目文案如何撰写

在"项目详情"标签下，以图文结合的形式展示"关于我""我想要做什么""为什么需要你的支持及资金用途"等重要板块，尽可能使文案具有创意、吸引力。文字或图片的缺失都极可能导致项目被退回。

4. 筹资额如何设置

筹资额不得少于 500 元，建议根据项目的资金需要进行设置，不要盲目填写过高或过低的金额。

5. 筹资回报如何设置

建议回报为项目的衍生品，与项目内容有关的回报更能吸引到大家的支持。建议设置 3 个以上的梯度回报，例如：几十、几百、几千元。多些选择能提高项目的支持率，能让你的项目更快成功。项目内容及回报均不得涉及现金、利润分红、股权、金融理财产品等相关内容。

6. 项目公开性与安全性如何保证

作为项目发起人，可以选择信息的公开程度，回避涉及知识产权等敏感信息。但与此同时，众筹网是一个面对公众的平台，项目发起者所提供的信息越丰富和生动，就越容易获得众人的支持。在项目审核阶段，只有具有审核权限的工作人员可以看到项目，众筹网内部都有明确的权限分级，不会向他人泄露项目资料。

7. 众筹网如何审核项目

项目提交审核后，众筹网会有专业的审核人员对项目进行审核。审核的内容包括：项目的完整性、项目所需资质、项目的合理性、项目的可行性等。项目审核周期为 3 个工作日，发起者可以在"个人中心—发起中心—我的发起"页面查看项目审核意见。

8. 众筹网如何收费

众筹网对于成功的项目都会收取 3.0% 的资金支付渠道费，如果需要行业内提供其他相关服务，所产生的成本及费用，需要在项目通过审核后，向项经理确认。

9. 如何对项目进行维护

项目上线后，建议发起者积极自主推广项目，带动项目筹资额，并及时回复项目下的用户评论，与关注该项目的用户进行良好互动。同时，不要打扰其他项目的正常展示，请勿在其他项目下推广自己的项目。

10. 项目成功如何结款

（1）结算首款。 项目结束后，发起者即可点击"申请首款"，众筹网审核通过后，众筹网会根据《众筹网合作协议》中约定，将扣除平台服务费以及渠道费后的筹资金额的 70％划转至你的结款账户。

（2）发货操作。 发起者需要在项目结束后的承诺期限内发放回报，并及时在个人中心录入发货信息（具体操作见问题：如何录入发货信息？）。在支持者收到回报后，需要登录众筹网，在"支持的项目"中点击"确认回报"，全部订单状态更新为"已收货"，便可点击"申请尾款"。若 15 天支持者仍未确认，系统会将该订单自动转为"已收货"。发起者可以在此期间积极与项目支持者互动，加快确认收货的时间。

（3）结算尾款。 全部订单显示"已收货"，发起者即可点击"申请尾款"，众筹网审核通过后，众筹网会根据《众筹网合作协议》中约定，将扣除平台服务费以及渠道费后的筹资金额的 30％划转至结款账户。若项目存在未解决的支持者投诉，众筹网会驳回尾款申请。

11. 项目上线后是否可以取消或修改

众筹网在发起人发布的项目上线后，有权保留发起人项目展示页面相关信息，包括但不限于发起人信息、项目介绍与说明、筹资金额、回馈标准、项目筹资情况（包括项目筹资成功或失败）等相关页面内容，发起人不得要求众筹网删除已经发布的项目展示页面或项目信息；发起人确有正当理由，要求对项目展示页面进行修改的，应书面进行申请，众筹网审核后酌情收费进行处理。

12. 如何录入发货信息

项目发起者为支持者发放回报时，请务必登录众筹网，在"个人中心"录入发货信息，使项目状态从"未发货"更新为"已发货"。具体操作方法如下：

（1）PC 端单条录入。 登录众筹网"个人中心—项目管理—待发货"，可在每条订单后点击"发货"，在弹出的对话框，选择"快递公司"，并输入"快递单号"，如无对应快递公司，请选择其他，并在快递单号栏输入实际使用的快递公司与快递单号。若为抽奖回报项，但该订单用户未中奖，可在"快递公司"栏选"其他"，并在"快递单号"栏填入用户未中奖等相关信息，内容需通顺易懂，可自行编辑。

（2）PC 端批量发货。如支持者较多，可在"个人中心—项目管理—待发货"下点击"批量发货"。点击"下载"，保存发货数据模版（.csv）；填写快递公司：须按照网站中的选项填写一致的名称。填写快递单号。注意：除快递公司及快递单号外，模版内其他内容及格式不可修改；虚拟回报内容须填写在"快递单号"位置。上传文件条数限制为 2 000 条，如大于 2 000 条，请分批上传。

（3）APP 单条录入。进入 APP，点击右下角"我的"，进入个人中心，选择"我的发起"，点击该项目下的"订单管理—待发货"，进入单条订单快递信息录入页面，选择相应快递公司，快递单号可手动输入，或扫描快递单上的二维码录入，非实物回报或者自提等不需要寄送的情况，请选择"无需物流"。

13. 项目失败如何处理

项目失败后，众筹网将为支持者办理退款，资金将原路返回到支持者的付款账户中，支持者将于 7～15 个工作日收到退款。项目发起者无需申请。

由此可以看到，众筹网平台对农业项目发起方的规定比较全面，如果发起人在发起项目过程中遇到任何问题，还可以向众筹网的在线客服进行咨询。一个农业众筹项目仅有发起者还不够，支持者也是必不可少的，网络平台通常也会对众筹支持者进行保护和规范。仍以众筹网（http：//www.zhongchou.cn/）为例。众筹网平台中对项目支持者的规定如下：

1. 如何支持项目

项目支持方可以点击项目，进入项目详情页后，选择适合的支持选项，点击进行支付。可通过网银、支付宝、微信、易宝等进行付款，为保证资金的安全，支付的款项会进入第三方支付账户，不会直接进入发起人账户或者众筹网账户。

2. 什么时间可以收到回报

项目回报会在项目结束后发起方承诺的期间内发放，具体时间在项目页的每个回报项下显示。

3. 支持了项目是否可以退款

项目失败后，用户支持的资金会原路返回到付款账户中。项目众筹期间与项目成功后均不予办理退款。

4. 如何联系项目发起方

如果支持者已经支持了项目，可以通过：

（1）登录众筹网 PC 端，点击"个人中心—订单"，鼠标放在发起人用户名的位置，即可显示发起人联系方式。

（2）打开众筹网 APP，点击右下角"我的"，选择"奖励订单—待发货/

待收货—电话联系",便可与发起人进行联系。

5. 如何更改收货信息

更换地址的方式有两种:

(1)为保证变更收货信息的及时性与准确性,可直接联系发起方进行修改。(联系发起人方法见问题:如何联系项目发起方?)

(2)在确认发起方尚未发货的情况下,可使用在支持项目时预留的手机号码拨打众筹网客服电话:4000106810,进行修改。

6. 如何确认回报

在支持者收到回报后,请登录众筹网,在"我的订单"中点击"确认收货",若15天仍未点击确认,系统会将该订单转为"已收货"状态。

7. 项目失败如何退款

项目失败后,众筹网将办理退款,资金将原路返回到支持者支付宝或银行账户中,支持者将于7~15个工作日收到退款。

可以看到,众筹网平台对项目支持者的资金安全等权益设置了保障措施,同时也对支持者的行为进行了一定的规范。

三、农业众筹项目收尾环节

在项目收尾环节中,主要分两种情况,一种是项目融资成功,这时,项目发起方应秉持诚信原则,按照支持者不同的支持金额进行回报或分红;另一种是项目融资失败,此时,众筹平台会按照程序将支持者投入的资金返还其本人,并宣告融资失败。不论是哪种结果,该行为都会在众筹平台及相关部门的监管下进行。

下 篇

农业众筹实战案例分析

第十章

种 植 业 案 例

一、永和核桃众筹案例分析

(一) 项目简介

1. 发起人

永和核桃项目的创始发起人是原挂职山西省永和县的副县长程万军，2014年9月程万军作为扶贫开发干部被派驻到永和县挂职副县长。永和山川秀美，民风淳朴，山好水好风景好，但是人民群众的生活条件和收入水平却很低很艰苦。这次众筹的目的主要是销售永和特色产品——核桃。由于永和县基础设施建设落后，交通不便、信息传递滞后闭塞，市场信息极度不对称，即使是丰收之年，永和县农民的收入也未必会得到实质性提高。程万军作为负责扶贫开发的干部，选择了农业众筹的方式来为农村扶贫开发筹措资金。这既能增加农产品的销路，促进农民增收，同时也能让消费者吃到最纯净的永和特色农产品。程万军在永和县走访的过程中发现，该县在幼教方面资源条件非常落后，儿童们对知识的渴望深深地触动了他，于是他决定通过众筹的方式筹建农村幼儿园。此次众筹目标筹资是 150 000 元，实际筹取金额 866 675 元，是预期金额的 578%，支持人数为 1 364 人。

2. 项目背景

永和县隶属山西省临汾市，地处吕梁山脉南端，黄河中游山陕两省交界峡谷区东岸，临汾市西北部。永和东邻隰县，南连大宁县，北与石楼县接壤，西与陕西延川县一河之隔。永和县总面积为 1 212 平方公里，全县辖 2 镇 5 乡，79个行政村，314 个自然村。永和是国家级贫困县，2013 年县财政收入5 982万元，农民人均年收入 2 462 元。全县境内山峦起伏，千沟万壑，自然环境艰苦。黄河流经永和 68 公里，历经悠久漫长的岁月，在黄土高原上形成了罕见雄奇的自然景观。永和乾坤湾是国家刚批的黄河蛇曲国家地质公园，是中国河流中规模最大、最密集的蛇曲群。"山舞银蛇，原驰蜡象"是乾坤湾的生动写照。永和农业以红枣、核桃、小杂粮等为主，素有"中国红枣之乡"的美称。核桃是永和主要的农产品，年产量 14 万吨。晋陕大峡谷独特的自然环境和气候使永和核桃个头饱满、营养丰富，以皮薄、肉厚、天然无虫、无公害、无污染而久负盛名。

关于永和核桃，2015 年永和核桃大丰收，全县核桃 18 万亩，产量 3 000 万斤①，漫山遍野全是核桃树。永和核桃果仁饱满，主要是因为独特的自然环境，核桃从黄土与黄河中吸取了足够的养分，再加上生长成熟期较长，所以颗颗皮薄肉厚，入口香甜，有回甘味道。核桃在整个生长期几乎没有虫灾，所以从不上农药。永和全县到目前为止还没有一家化工企业自然生态环境非常好，在这样的环境里生长出来的核桃品质当然没的说。永和核桃从 2014 年年初开始申请有机产品认证，按规定要连续三年通过标准检测才可获得认证。现在市面上比较好看的核桃，一般都是采用化学法去青皮，用乙烯利溶液喷洒在青皮上，再用草席、秸秆之类的东西盖住沤一整天，青皮就自然脱落。然后用过氧化氢一类的试剂对核桃进行漂白、晾干。这种核桃外观干净、光洁，但长时间保存后，味道会变苦。永和核桃仍然使用传统方法去青皮。即在核桃完全成熟后青皮会自然裂开，几天后核桃就会自己掉出来，少数没裂开脱落的，就用人工去皮。这种核桃外观会有点难看，有的果壳表面还会残留黑色小点，但吃着味道好，保存长时间也不会有苦味。

3. 项目计划

(1) 5 元（共有 175 人支持）。

①在永和县城镇幼儿园捐建的圆梦书屋碑记中刻录支持者名字。

②项目结束后，随机抽取 5 名幸运捐助者，向每人赠送 1 箱核桃（净重：2 斤/箱，包运费），附赠山西永和旅游指南 1 份，凭此可享有永和所有景点免费门票及讲解（限 1 人单次使用）。

③圆梦书屋最低预算 15 000 元，此部分爱心捐款将全部用于书屋项目，如捐款数额低于 15 000 元，则差额由核桃众筹款中补足。

(2) 150 元（共有 1 052 人支持）。

①核桃 1 箱（净重：5 斤/箱，包运费）。

②赠送山西永和旅游指南 1 份，凭此可享有永和所有景点免费门票及讲解（限 1 人单次使用）。

③在永和县城镇幼儿园捐建的圆梦书屋碑记中刻录支持者名字。

(3) 750 元（共有 52 人支持）。

①核桃 5 箱（净重：5 斤/箱，包运费）。

---

① 15 亩＝1 公顷，1 斤＝500 克。

②永和旅游免费地接交通票 2 张（食宿自理），凭此可享有永和县景点免费接送服务。

③在永和县城镇幼儿园捐建的圆梦书屋碑记中刻录支持者名字。

（4）1 500 元（共有 66 人支持）。

①核桃 11 箱（10 箱送 1 箱，净重：5 斤/箱，包运费）。

②永和旅游免费地接交通票 2 张（食宿自理），凭此可享有永和县景点免费接送服务。

③在永和县城镇幼儿园捐建的圆梦书屋碑记中刻录支持者名字。

（5）15 000 元（共有 18 人支持）。

①核桃 115 箱（100 箱送 15 箱，净重：5 斤/箱，包运费）。

②永和旅游免费地接交通票 20 张（食宿自理），凭此可享有永和县景点免费接送服务。

③永和旅游免费食宿票 4 张，每张票可提供一人一天的免费食宿。

④同时在永和县城镇幼儿园捐建的圆梦书屋碑记中刻录支持者名字。

（6）300 000 元（共有 1 人支持）。成为永和核桃省级经销商。享受永和县政府颁发的"永和核桃荣誉经销商"称号，并享受与此身份相应的待遇（具体详谈）。

4. 项目承诺

为了让众筹更具说服力，程万军使用一个承诺和三个保证：我们承诺众筹项目成功结束后一周内发货。

我保证亲自挑选核桃，监督采摘、晾晒、筛选到装箱的每一个环节，保证核桃的品质。单个核桃大小均超过 30 毫米，绝无药水泡过、绝无任何污染，让大家吃到放心的好核桃。

我保证捐建幼儿园圆梦书屋的质量，参与从选书到环境布置等各工作环节，并把照片发到网上，请大家监督。

我保证兑现永和旅游相关承诺，真诚期盼大家来永和休闲、度假、旅游，做好导游、接待服务。

（二）案例浅析

1. 优点

（1）产品质量高。

（2）增加旅游项目。 除此之外，永和也是旅游的好去处。永和县历史悠久，旧石器时代就有远古人类在此繁衍生息。这里是中华人文始祖伏羲的故里，相传伏羲在黄河岸边的乾坤湾观天象、察地貌，创造了太极阴阳图。永和乾坤湾景区，集黄河文化旅游、生态旅游于一体，龙行乾坤，大美永和。东征霞光，红军东征永和纪念馆，是红色旅游好去处。三北奇观，永和三北防护林是一个奇迹般的存在，在黄河沿岸，在黄土高原群峰和沟壑间，遍布人工栽种的树木，其壮观、奇特之处难以用语言形容。

（3）公益众筹。口号吸引眼球，引起人们的好奇心，从而去了解众筹详细信息，具有公益性质的众筹，具有较强号召力。"永和核桃，圆孩子书屋梦"，这是一个带有公益性质的众筹，目的是给孩子们筹建一个书屋。随着经济的飞速发展，人们生活水平的不断提高，越来越多的人开始关注公益，帮助更多的人脱离贫困，尤其是在教育方面的投入，日益受到大家的重视。

（4）可持续性强，一举多得。这是一个集销售、旅游、公益于一体的农业众筹，不仅仅是销售了永和地区当年生产的核桃，而且从可持续发展角度来讲，此次众筹使永和地区得到了广泛关注，借此机会向大家展示了永和美丽景色，为当地发展旅游业打开了一扇门，吸引更多的游客和投资者来到永和。同时又使孩子们在教育方面得到了帮助，在多个方面促进永和脱贫。

2. 缺点

（1）发货速度慢。由于众筹结果远远高出预期，大量订单中有部分未能及时发出，还有部分产品在运输过程中有不同程度的损坏，使产品质量下降。应提高发货速度及包装质量，以确保产品能更快更好地送达客户手中。

（2）产品种类单一。可陆续开发出其他具有特色的农产品，同时可以开发深加工产品，提高产品附加值。

（三）项目跟踪

（1）圆梦书屋建成。捐助的爱心书屋已于 2015 年 4 月准备就绪，于 7 月正式启动。书屋中立碑记录捐助者的名字，希望可以给孩子们带来一份爱的力量，打开梦想的天窗。

（2）开拓永和农产品电商平台。2015 年年初永和农产品网店上线，使该地农产品有了更好的销路。截至 2015 年年底陆续销售核桃 200 余万元，为农民每斤核桃增收 3～5 元。

（3）积极争取社会资源参与扶贫工作，促进永和发展。2015 年 1 月 21 日，程万军在北京中国名特优产品展示中心举办"山西永和旅游和农特产品推介会"。来自北京山西商会的 30 余名企业家、100 余家在京旅游机构和 30 余家主流媒体参加。同期，在北京国贸中心举办了为期一周的"山西永和文化旅游展示宣传活动"，向首都人民展示了来自黄土高原的特色民俗文化、自然风光和农特产品，受到广泛关注和普遍欢迎。这些工作扩展了永和对外联络的平台，有效拓展了农产品销售渠道，提高了旅游景区知名度，推进招商引资等工作的进展。程万军还协调中国农影中心在中央电视台农业频道开播了永和核桃免费广告 100 多次，有效宣传了永和核桃地域品牌，全国各地的很多核桃经销商和加工企业都来电咨询及洽谈合作。

（4）发挥自身所长，做好宣传谋求发展。 一年的时间里，媒体对永和的报道超过百余篇，山西卫视记者调查栏目播出《副县长网上吆喝卖核桃》专题节目、《山西日报》和《三晋都市报》连续发表多篇跟踪报道文章，《三联生活周刊》年度大稿《2014 年度生活方式》中专门报道了众筹核桃事件。

（5）努力开展教育、卫生、计生及文化等民生工作。 在教育方面，程万军邀请国家卫生计生委专家到永和开展培训；为幼儿园捐建两所圆梦书屋；为二小捐建一所七彩小屋；在六一节前夕，组织中国疾控中心的青年干部为 200 名家庭贫困小学生带来了圆梦礼物。联系国家图书馆为永和捐赠 4 万余册图书和 60 台电脑，联系中国下一代教育基金会捐赠价值 48 万元的数字课堂教学系统。在卫生计生工作中，他积极筹措资金，推进国家卫计委人才培养计划；组织媒体刊发《大河带不走的乡医情》《无悔的选择》等多篇先进人物专题报道等；争取国家卫生计生委"健康暖心"基金 80 万元，用于救助困难群众。

（来源：众筹网，北京农学院卓越、王兆怡整理编写）

二、秦岭之麓的青核桃案例分析

（一）项目简介

1. 项目概述

目标金额：10 000 元；众筹期限：30 天；完成用时：3 天；已筹资金：12 181 元，达成 121%。

该项目是由陕西姥味食品科技有限公司发起的一项产品型众筹活动。太白县是陕西贫困县之一，由于产地偏远、交通闭塞，导致优质的农产品滞销。为了响应政府号召，推动扶贫助农，帮助太白县农民提高农产品销量、增加收入，解决该县农产品交易困难的问题，陕西姥味食品科技有限公司发起了由政府授权的扶贫助农项目，通过众筹贡献一己之力。

太白县位于陕西省宝鸡市东南部，地处秦岭腹地，因秦岭主峰太白山在境内而得名。太白县具有得天独厚的地理优势，这里出产的青核桃价值很高。每一颗核桃，都是由农民一丝不苟的精心种植，再摘取挑选而来。通过众筹方式将优质的农产品推广出去，也让参与者吃到天然原味的青核桃。

2. 发起人背景

该项目的发起者陕西姥味食品科技有限公司于 2016 年 5 月 31 日成立。该公司经销批发的五谷杂粮在消费者当中享有较高的声誉，公司与多家零售商和代理商建立了长期稳定的合作关系。该公司围绕家庭每日所需食材，坚持"绿色、健康、安全、放心"的经营理念，以客户体验为中心的"全程可视化加工"创新理念，获得了众多消费者的喜爱与认可，公司致力于成为安全、健康食品的行业标杆，让消费者吃得更营养、更安全、更放心。

3. 项目计划

2016 年 10 月，市场调研。

2017 年 6 月，太白县农业局授权。

2017 年 7 月，申请苏宁众筹。

4. 发起时间

2017 年 8 月 1 日。

5. 众筹成功时间

2017 年 8 月 3 日，秦岭青核桃众筹项目在三天内成功。

6. 众筹模式

秦岭青皮核桃众筹项目属于产品型回报众筹。

支持 1 元：每 13 人中抽取一人，至少抽取一人。抽取名额＝参与人数÷13 人，由苏宁官网抽取，中奖者获得参考价 21 元的秦岭青核桃一件（2 斤装）。

支持 19 元（限额 3 000 人）：众筹结束后，将获得参考价 30 元秦岭青核桃一件（3 斤装）＋用具一套（防污手套＋核桃夹＋开果刀）。

支持 29 元（限额 2 000 元）：众筹结束后，将获得参考价值 48 元秦岭青核桃一件（5 斤装）＋用具一套（防污手套＋核桃夹＋开果刀）。

支持 53 元（限额 1 000 人）：众筹结束后，将获得参考价值 88 元秦岭青核桃一件（10 斤装）＋用具一套（防污手套＋核桃夹＋开果刀）。

支持 72 元（限额 800 人）：众筹结束后，将获得参考价值 120 元秦岭青核桃一件（15 斤装）＋用具一套（防污手套＋核桃夹＋开果刀）。

支持 90 元（限额 500 人）：众筹结束后，将获得参考价值 150 元秦岭青核桃一件（20 斤装）＋用具一套（防污手套＋核桃夹＋开果刀）。

产品型众筹模式，因该地区鲜核桃具有特色，营养价值很高，且回报众筹给予投资者的产品价值高于市场价格。

（二）案例浅析

1. 优点

（1）核桃的营养价值很高，受众群体很多。

（2）产品定价合理，且产品市场以及目标人群划分准确。 秦岭青核桃的回馈定价合理。回馈产品的价值约为支持金额的150％，且有支持1元的运气众筹。核桃市场价格合理，能为广大群众接受。众筹支持金额分为六个价位，可以吸引各个消费水平的人群。

（3）秦岭青核桃独具特色，且品质高。 该地区自然条件优越，原产地无污染。太白县所产的核桃一是新鲜，青皮锁住水分，原汁原味，保证营养不流失；二是清香，果仁如玉，清香可口，油而不腻；三是脆，果形优美，个体均匀，果仁香甜，入口爽脆。

秦岭青皮核桃最大的卖点就是新鲜的核桃。通常来说，为了储存方便而干燥过的普通核桃，经过高温、光照、通风等因素影响，核桃的养分流失，且油多易腻。但是从树上采摘下来的青核桃极为新鲜，具有更高的营养价值，香甜脆嫩，白嫩如玉。

秦岭优越的自然条件适合核桃的生长。该地区具有良好水源：秦岭之水富含硒元素，它润泽着秦岭之麓的生命，为青核桃的生长提供了纯天然的滋养。优质土壤：弱碱性的沙壤土，土质松软，沉积着丰富的矿物质，是会呼吸的土壤，优质的土壤为生产高品质的青核桃提供了最坚实的保障。

（4）公益众筹。 由太白县政府授权，为了响应政府号召，推动扶贫助农，帮助太白县农民提高农产品销量、增加收入，解决该县农产品交易困难的问题，陕西姥味食品科技有限公司发起了秦岭核桃的扶贫助农项目。每个人都可以为太白县的农民脱贫贡献一份自己的力量，扶贫助农的旗帜吸引了不少人参加。

（5）可持续性强。 从可持续性发展的角度来说，此次众筹引起了社会的广泛关注，借此机会打开了秦岭核桃对外出售的市场。同样，秦岭的自然条件优越，环境优美，可以开发旅游项目。通过众筹能够吸引更多的游客和投资者关注太白县，对太白县的经济发展起到促进作用。

（6）众筹口号吸引力较强。 秦岭之麓的青核桃，鲜脆可口。看到标题，鲜脆可口，从视觉和味觉上同时打动投资者，青核桃也不同于市场上的干核桃，引起好奇。

（7）平台选择。 苏宁众筹是我国四大众筹平台之一，浏览量人群多，增加众筹成功机会。

2. 缺点

(1) 产品种类单一。可以开发其他具有特色的农产品,形成品牌效应。开发深加工的产品,以增加产品的附加值。

(2) 公司知名度较低。缺少发起人的个人魅力,难以得到大范围的人群认可和欣赏。

(3) 缺乏感染力。在众筹宣传时缺少农民采收核桃、农民居住环境等照片,缺乏感染力。

(4) 应制定产品品质的统一标准。对于核桃大小、饱满程度等应有具体数据展示给消费者。

(来源:苏宁众筹,北京农学院卓越、王兆怡整理编写)

三、花瑶竹酒众筹案例分析

(一) 项目简介

"种"在活竹子里的竹筒酒,有生命的酒,你有听说过竹筒酒吗?

勤劳美丽的花瑶族人早在几百年前,就意识到了竹子的养生和药用价值。他们将自己种出来的大米同十几种名贵中药材结合在一起,酿造出醇香浓厚的基酒,并运用他们的智慧成功将基酒注入活竹子的竹腔中。经过几个月的时间,酒在竹腔中吸收天然雨露和竹汁,一种纯天然原生态的竹筒美酒就这样诞生。

1. 项目回报时间

预计众筹成功后 30 天左右。

2. 项目背景

花瑶竹酒,源于深山,花瑶族人的传世瑰宝。古老而美丽的花瑶是瑶族的一支分支,他们生活在湖南隆回雪峰山东北海拔 1 300 米的崇山峻岭之中,那里山清水秀、翠竹成海、民风淳朴,至今仍保留着先祖最为古朴纯真的生活习俗。花瑶竹酒与花瑶歌舞、花瑶挑花被誉为花瑶三宝,在当地也有拦门酒之称。花瑶女子在出嫁之时用三碗象征着吉祥、如意、安康的拦门之酒考验新郎,通过考验的新郎方可迎娶新娘。

花瑶地处亚热带边缘,阳光充足,气候湿润,年平均气温为 14.19℃,对竹子的生长十分有利。这里的竹林面积占到整个山区面积的 40% 以上,是一个天然的氧库。每年在天气适宜的时候,花瑶人便将基酒用传统工艺注入精心挑选好的活竹中,让酒与竹一起自然成长,吸收天地之灵气、日月之精华,经过一至三个月的时间,酒与天然竹汁完美融合,色若琥珀、清香扑鼻、口感醇和的花瑶竹酒就酿制出来了。其营养价值丰富，养生功效显著，医学研究发现竹叶中富含天然竹叶黄酮、竹叶抗氧化物、竹叶多糖、钙、铁、锌、硒、镁等微量元素、维生素、氨基酸以及多种活性成分，酒在活竹成长过程中，将竹子的营养成分完全吸收，造就了花瑶竹酒独特的养生功效。作为花瑶人自己的品牌，为了让更多的人了解古老的花瑶文化，为了让更多的人品尝到花瑶竹酒这样的世间佳酿，作为花瑶族后裔的游承超先生毅然放弃了之前打拼的事业，回到家乡，与当地族人一起开创了花瑶竹酒这个品牌。

3. 项目描述

花瑶竹酒此次众筹根据众筹金额分为八个等级，等级越高所赠送的私人订制奖品也越丰厚，众筹金额最低更是低至十元，人人都可以参加。

4. 项目成功的意义与价值

若此次众筹成功，将使得花瑶地区民众对互联网的认识，以及对互联网工具的体验更加深刻，有利于孵化民族品牌，带动少数民族地区经济的发展。

（二）案例浅析

1. 众筹平台的推广

众筹网作为目前国内最大的专业众筹平台，为众筹项目提供了很好的施展空间。这样一个成熟的、知名的众筹系统，为花瑶竹酒众筹的成功奠定了一定的基础。同时，平台给予了积极合作，使项目拥有很好的版面，促进了众筹项目的大获成功。

2. 打造农产品品牌

品牌化意味着可以卖出好价格，提高效益，降低农业企业产品推介成本。市场上农产品品种繁多，竞争激烈，消费者易被纷繁的信息所困扰，从而产生对新信息的排斥情绪，给企业产品推介带来困难。花瑶竹酒打造自己的品牌促进了农业企业利润增长。

3. 打造品牌文化

从品牌名称到形象设计，打造独一无二的品牌影响力，从细节处打造花瑶竹酒的品牌文化价值，利用互联网的传播方式将自己的产品成功的营销，这是农业与"互联网＋"的绝妙结合。

4. 食品品质有保证

5. 产品本身极具吸引力

（来源：淘宝众筹，北京农学院卓越、王兆怡整理编写）

四、西北勒红苹果众筹案例分析

(一) 项目简介

1. 项目概述

该项目是由云南蒙自柯柏瑞电子商务有限公司发起的一款产品型农产品众筹活动。目标金额 50 000 元,众筹期限 30 天。

2. 众筹口号

长在石头缝里的糖心红苹果,还是小时候的味道!

3. 公司信息

蒙自科柏瑞电子商务有限公司创立于 2011 年 9 月,隶属于红河云鼎企业管理有限公司,是一家集网站服务、垂直门户运营于一体的电子商务企业。注册资金 100 万人民币,是红河州本地最大最早的电商实体公司,致力于发掘云南特色产品与精准扶贫项目。

4. 发起人背景

总经理孙浩。执行董事孙良涛,系云南红河学院副教授,本科毕业于原内蒙古财经学院计算机信息管理系信息管理与信息系统专业,获管理学学士学位;硕士毕业于泰国易三仓大学网络与电子商务专业。监事贾凯越。

5. 产品介绍

(1) 产品详情。生长在云南海拔 2 400 米高原,种植在石头缝里的原生态糖心红苹果西北勒,果香浓郁,清香怡人。不抛光、不打蜡、无农残、无膨大剂,自然成熟,脆度适中,甜在心头。淳朴的彝族人在果子成熟最佳时期才进行采摘,所以苹果更香。果子不套袋,不上色,外表不帅,但蕴含了彝族人一年的辛勤付出。

(2) 产地介绍。西北勒乡位于云南省红河哈尼族彝族自治州,蒙自市东北部山区,海拔 1 800~2 400 米,平均气温 13.6℃,年均日照 1 722 小时。翻山越岭的西北勒,好苹果来自不平凡之路。好苹果,气候、土壤、地理位置,缺一不可。西北勒乡位于北回归线上,太阳转身的地方,北回归线由境内八台坡、新民一带穿过。从蒙自市区出发,沿着山路蜿蜒前行约 30 公里,历时一个半小时。西北勒属典型的喀斯特地貌,石头多,耕地很少。7 年前这里的农民开始在石头缝里栽种苹果,意想不到的是 3 年后长出的苹果又大又甜。咨询专家后得知:因这里白天日照时间长,石头在白天吸收热量,傍晚开始散发热量,可以长时间维持果树及周边土壤的温度,所以才能长出又香又甜的西北勒独特的红苹果。

(3) 宣传语。也许你吃过山东红富士，也许你吃过陕西的苹果，也许你吃过阿克苏苹果，但是，请您品尝下云南高原长在石头缝里的糖心苹果！我们说好不是好，您说好才是真的好！水果总是要吃的，为什么不吃更健康、更原生态的。您的一份支持，可以让村民少走一趟崎岖的山路。利人利己，何乐不为。

6. 为什么要众筹

苹果树的种植对于一直以种植业和畜牧业为主的西北勒乡来说，无疑在一定程度上改善了当地居民的经济条件。但由于西北勒交通不发达、信息闭塞，以往成熟的果子都是村民自己用摩托车运往 30 多公里外的集市进行销售，路远加之销售不便，若不能及时售出熟果就会烂掉，对经济拮据的西北勒人来说可是散落了"遍地黄金"。

因此希望通过互联网众筹这个平台，帮助西北勒的人们将独具特色的"高原红苹果"运出西北勒，让越来越多的人知道西北勒红苹果的存在。让刚从树上摘下来的新鲜苹果，直接送到消费者手中，让消费者品尝到原生态的新鲜、健康的西北勒红苹果。

7. 项目众筹时间

2017 年 10 月 12 日至 11 月 12 日。

8. 项目实施计划

(1) 支持 88 元。以 88 元众筹价获得参考价 128 元的优质西北勒糖心苹果 1 箱，5 斤，免费赠送越南西贡青柠檬 1 斤。

(2) 支持 168 元。以 168 元众筹价获得参考价 218 元的优质西北勒糖心苹果 2 箱，10 斤，免费赠送越南西贡青柠檬 2 斤。

(3) 支持 428 元。以 428 元众筹价获得参考价 538 元的优质西北勒糖心苹果 5 箱，25 斤，免费赠送越南西贡青柠檬 3 斤。支持分期发货。

(4) 支持 828 元。以 828 元众筹价获得参考价 1 280 元的优质西北勒糖心苹果 10 箱，50 斤，免费赠送越南西贡青柠檬 3 斤。支持分期发货。

9. 发起方承诺

(1) 回报时间。项目结束的 7 天后。

(2) 动态更新。我们每周会于"三只孔雀云南特产"官方微信公众号，更新果园的情况和项目进展。

(3) 物流。果子成熟期间，清晨采摘、分拣、装箱，统一下午发货（新疆、青海、西藏以及港澳台地区暂时无法发货）。

(4) 售后。支持破损补寄或者等价补偿。24 小时售后服务。

10. 项目结果

截至 2017 年 11 月 9 日，88 元支持者 5 位；168 元支持者 2 位；428 元

支持者 1 位；828 元支持者 0 位。共筹得资金 1 204 元，达成 2%，项目失败。

（二）案例浅析

1. 产品未获得认证

食物类产品获得的认证越多，众筹成功的概率越高。西北勒糖心红苹果大部分特点均来自发起人的单方面描述，缺少权威机构的农产品品质认证。仅有当地农药监管局的监测报告，证明无农药残留，这些标准其他地区的苹果也能达到，并没有凸显出西北勒红苹果的优势。

2. 西北勒红苹果市场定价过高，超出普通苹果市场价近 3 倍

根据众筹模式中的项目回报，每斤西北勒红苹果价格高达 25 元。如此高昂的单价，可能是加上长途运输过程的运输费、包装费，但在天猫超市价格显示，云南红河西北勒红苹果价格在每斤 10 元到 15 元不等。

3. 口号无吸引力

"长在石头缝的红苹果，还是小时候的味道"。未在口号中体现西北勒红苹果的品牌，另外"石头缝"给人带来的感受不太舒适。

4. 公司背景薄弱

蒙自柯柏瑞电子商务有限公司成立于 2011 年，多年来从事电子商务，公司人数不到 20 人，公司实力不够雄厚，也没有主要的支柱型产品销售，没有足够的资金来运营整个销售过程。即便本次众筹成功，后续的销售及回报也难以得到保障。

5. 发起人经验不足

三位发起人均没有来自农业方面专家，也未有过农产品种植等实际经历，对市场的农产品需求难免认识不足，难以博得投资人的信服。没有食品、农产品专业的行家进行认证，可信度低。

6. 支持金额大小收益无明显区别

虽然有较多的投资档位可选，但是每档得到的产品除数量外无明显差别，如果投资 88 元获得 5 斤苹果、1 斤青柠檬就能满足投资人需求，那么投资人不会想投入更多的钱。

7. 产品单一，无市场战略

产品单一，未针对市场不同消费水平人群的需要，制定不同的产品。

（来源：众筹网，北京农学院卓越、王兆怡整理编写）

五、沾化冬枣众筹案例分析

(一) 项目简介

1. 项目背景

沾化冬枣产于山东沾化区境内，是一种珍贵稀有的鲜食果品。十几年来，沾化区不断探索开发之路，使这一稀有资源终于从庭院走向大田，规模不断扩大。1995 年 5 月，在"全国首届百家特产之乡"评选活动中，沾化区被命名为"中国冬枣之乡"。沾化冬枣成熟期晚（10 月中下旬成熟），状如苹果，有"小苹果"之称。平均单果重 20 克左右，色泽光亮赭红，味质极佳，皮薄肉脆，细嫩多汁，甘甜清香，营养丰富，被誉为"百果王""活维生素丸"。"茫茫枣园连天碧，串串琼珠接地红"，这是沾化冬枣成熟时节的情景。

沾化冬枣栽植历史悠久，民间有"先有冬枣树，后有沾化县"之说，沾化百姓自古就有"房前屋后三棵枣树"的习惯。据史料记载，沾化冬枣自明朝年间即为宫廷贡品。不过，从庭院走入大田，还是从 20 世纪 80 年代开始。沾化紧临渤海湾，又是黄河冲积平原，土壤偏碱性，气候也很独特。有意思的是，这片土地上种别的都不适合，连最好活的白蜡树也长不好，可偏偏适宜种枣。沾化冬枣含天门冬氨酸、苏氨酸、丝氨酸等 19 种人体必需的氨基酸，总含量为 0.985 毫克/100 毫克，含蛋白质 1.65%，膳食纤维 2.3%，总糖 17.3%，总黄酮 0.26%，烟酸 0.87 毫克/100 毫克，胡萝卜素 1.1 毫克/千克，维生素 B 10.1 毫克/千克，维生素 B_2 2.2 毫克/千克，维生素 C 的含量达 1 079.1毫克/千克。另外还含有维生素 A、维生素 E，钾、钠、铁、铜等。

沾化冬枣虽然有较强的适应性，但尤喜土质较肥沃、有机质含量较高的壤土或沙壤土，在这类土壤上生长的沾化冬枣，树冠高大，根系深而宽广，产量高，品质好。沾化冬枣和其他枣树一样，属于温带落叶果树，其生长发育要求较高的温度，所以萌芽晚，落叶较早。冬枣主要是吃的新鲜，本身质脆皮薄，极易摔碎，轻放冷藏保存可以延长其新鲜度一段时间，但不宜太久。

项目发起人是山东沾化当地的农民张洪杰，来自山东沾化的普通农民家庭。这里不像城里那样网络发达，那些普通农户的想法很简单，就是想通过自己的辛勤劳作换来家人更好的生活。当地的很多农户都有 20 多年的种植经验，而苦于没有销售途径，被迫将冬枣低价卖给收购商贩。发起众筹的目的是为当地枣农增加收益，同时筹集资金建立合作社改善种植技术，提高冬枣的品质和市场竞争力。

2. 项目实施计划

支持 2 元+一次中奖机会。众筹成功结束后，每满 30 人，由众筹网官方抽出一名幸运用户获得 4 斤装特大果，包邮。不满 30 人，按 30 人抽取。

支持 39 元。用户获得 5 斤装小果，包邮。

支持 59 元。用户获得 5 斤装中果，包邮。

支持 69 元。用户获得 4 斤装大果，包邮。

支持 88 元。用户获得 4 斤装特大果，包邮。

该项目已经结束。共完成 6 元的筹资额，达成预定目标的 1%，获得 3 人支持。项目失败。

(二) 案例浅析

分析该众筹项目失败的原因，第一，沾化冬枣属于鲜果，快递运输可能会影响果品的新鲜度，使消费者不敢轻易购买。第二，关于冬枣的农业众筹项目实在太多，项目的竞争对手过多，而且其本身也没有不同于其他冬枣的特色。第三，宣传口号不够吸引人的注意，发起人本身的影响度不高，消费者对于沾化冬枣种植地不了解，整个生产销售渠道不透明。第四，众筹的项目过于单一，没有充分发挥市场导向的作用。以上原因综合在一起，导致了这个农业众筹项目的失败。

建议该众筹项目从以下几个方面进行改进。第一，改进运输手段，提升运输条件，确保沾化冬枣果品的新鲜度。第二，发掘项目本身的特色，发现闪光点，使之脱颖而出。第三，寻找一个影响度高的项目众筹人，提出响亮的、令人印象深刻的众筹口号。第四，让沾化冬枣生产基地透明化，让消费者放心。第五，将众筹的项目加以改进，多一些吸引人的项目选择。第六，充分发挥市场的导向作用。第七，与当地政府及相关部门积极协调，充分发挥看得见的手和看不见的手的导向指引作用。

（来源：京东众筹，北京农学院卓越、王兆怡整理编写）

第十一章

养 殖 业 案 例

一、今锦上·阳澄湖大闸蟹案例分析

(一) 项目简介

1. 项目口号

今锦上·阳澄湖大闸蟹 十年品质之旅，一路有你

2. 项目概述

此项目是由苏州今锦上食品有限公司发起的。该公司主要经营食品、鲜活淡水产品养殖以及农产品等。今锦上是一家服务于传统美食的集体企业，凭借着强大的产品研发能力和品牌定位策略，结合优质的供应链体系，在经历了努力拼搏和对产品质量的不倦追求，今锦上在短短2年就实现了产品网销过亿元的业绩。

阳澄湖湖面开阔，是阳澄湖大闸蟹生长的理想之地。阳澄湖分为东湖、中湖、西湖三个湖畔，其中只有中湖才能养殖大闸蟹，中湖水质清纯、水深底硬、水草丰茂、气候宜人，是螃蟹定居生长最理想的环境。

今锦上在阳澄湖拥有自己的养殖基地，水源可靠，无污染，水质符合《无公害食品淡水养殖用水水质（NY5051—2001)》标准。选用长江水系天然蟹苗培育的无公害大闸蟹种，采用高效的生态养殖模式，经过科学管理，科学饲养，养出的大闸蟹成活率在90%以上，各个体大肉肥，蟹黄饱满。

3. 项目回报方式

(1) **99 元**。大闸蟹共 6 只，公蟹 3.0 两/只，母蟹 2.0 两/只。

(2) **198 元**。大闸蟹共 8 只，公蟹 3.5 两/只，母蟹 2.5 两/只。

(3) **258 元**。大闸蟹共 8 只，公蟹 4.0 两/只，母蟹 3.0 两/只。

(4) **598 元**。大闸蟹共 8 只，公蟹 4.5 两/只，母蟹 3.0 两/只。

(5) **968 元**。大闸蟹共 8 只，公蟹 5.0 两/只，母蟹 3.5 两/只。

4. 项目众筹目标

此项目必须在 2017 年 9 月 29 日前得到 100 000 元支持才可成功。结束时，共筹集资金 682 986 元，完成进度 683％，4 501 人支持。

（二）案例浅析

此项目能够成功有以下几个因素：

1. 品牌效应

阳澄湖大闸蟹的知名度享誉全国，消费者对品牌的认知度越高，越能吸引消费者的购买，使众筹更易完成。

2. 生态养殖

2010 年苏州市政府斥巨资改善阳澄湖大闸蟹生态养殖环境，公司紧跟政府的步伐，在阳澄湖发展大闸蟹养殖业，科学管理，保证了大闸蟹的肉质原汁原味和绿色无公害。

3. 预订方式完善

采用传统方式和网络相结合方式进行配送，可以采用电话预订的传统方法，也可以采用电脑网上预订和移动端手机微信预订。多渠道多方法使购买环节更加方便快捷，得到参与者的认可。

4. 快递配送服务完善

现在快递业的配送速度越来越快，配送城市越来越多，很多河鲜海鲜都能保证隔日送达，保证了产品的存活率和口感，利于消费者购买。

5. 有力的保障服务

公司承诺如果在发送过程中大闸蟹死亡，只要发送照片到客服，即可以免费重新发货。手续简单快捷保证了消费者的权益。

6. 时间把握准确

每年 10 月正是大闸蟹味道最鲜美的时候，又赶上十一黄金周，加大了购买人的意愿，使得众筹更易完成。

（来源：京东众筹，北京农学院卓越、王兆怡整理编写）

二、舌尖上的黄岛，有"身份"的琅琊鸡案例浅析

（一）项目简介

1. 项目概述

琅琊鸡原产于山东省，被誉为"舌尖的美味"，同里岔黑猪、豁眼鹅、崂山奶山羊被誉为青岛的畜禽"四宝"。琅琊鸡的母鸡全身雀毛，毛色一般为黄

褐色或麻黄色，体型小但较壮实，眼睛大腿短小，具有一般蛋用鸡的特点。其鸡蛋称"琅琊蛋"，以红皮、黄大、质好而闻名市场，蛋黄含量高，占蛋重的33.3%，色浓味香，堪称上乘菜肴。琅琊鸡公鸡全身毛色光亮协调，腿高粗壮，昂首凝视，以"火红大公鸡"著称。

琅琊鸡的散养产地，位于黄河下游的山东青岛市，养殖场山清水秀，鸡群自由散养，散养的琅琊鸡喝的都是山泉水，吃的是青草蝗虫蚂蚱等。养殖场进行专业把控，严格核验孵化环境，并进行精心清扫和消毒，温湿度把控精准严格。

2. 项目实施回报方式

(1) 实物回报。项目到期后，每投一份，可获得市场价值为180元的生态农产品（散养琅琊鸡，一只3斤左右），本金不返还。

(2) 权益回报。参考以往此类项目的收益率，投资人预计可按17.6%年化收益率获得回报。

3. 项目结果

该项目于2017年6月19日在点筹网上线，周期7个月，目标筹款150 000元，份数：1 000份，认筹单位：150元/份。仅上线一天就完成众筹目标。

(二) 案例浅析

1. 产品优质，供不应求

琅琊鸡曾荣获地理标志商标，被称作为青岛的"禽畜四宝"之一，同时也被称为"会飞的鸡"。琅琊鸡的体重一般在3斤左右，因为生性好动、好斗，而备受市民欢迎。如今，琅琊镇已为琅琊鸡注册了"琅琊台"牌商标，凭借着紧实的肉质和鲜美的味道，吸引了各地的食客。现在除了青岛本地人喜欢买琅琊鸡，外地顾客也越来越多，近年来琅琊鸡征服了广州、上海等地人的"味蕾"。

该项目经过平台的实地考察，养殖基地建立在山林地区，养殖环境良好，基地所养的鸡均为散养，所产的琅琊鸡生态健康。而且为了能够满足各地消费者的需求，由方便快捷的顺丰负责配送。

2. 需求量较大，市场广阔

根据对农业大数据的研究以及对当地的农贸市场的实地考察，琅琊鸡因为其富含营养成分，而且肉质鲜美在市场上广受欢迎，市场需求量较大，行情较好。

3. 运行模式灵活

琅琊鸡众筹采取债券型和消费型两种运行模式结合的方式，投资者可以选择获得实物回报，用低于市场的价格获得高品质的商品，比较吸引人；也可以选择获取投资收益，而且预期的投资回报率高于其他市场产品，具有较强的吸引力，众筹获得成功。

4. 资质良好，平台可靠

项目的农场主为当地人，诚信务实，在当地口碑较好。企业销售渠道稳定，回款准时，无不良贷款，农场主个人征信记录良好，信誉度较高。而且点筹网作为一个上线平台，在国内是知名的互联网农业众筹平台。受到广大投资者的信赖，为琅琊鸡的成功众筹奠定了很好的基础。

（来源：点筹网，北京农学院卓越、王兆怡整理编写）

三、宝安土鸡众筹案例分析

（一）项目简介

1. 项目背景

2012 年袁灵敏的家人在深圳宝安区承包了一片荔枝园，因为荔枝只有 20 天的成熟期，所以他就想到了利用果园的空余空间养土鸡创业。但是养了半年多，他尝试了各种宣传方式也没有卖出去几只，好不容易有买土鸡蛋的客户，因为果园养得少不能稳定供应因此也没有长期顾客，这半年多时间他只有投入没有任何收入。之后他以个人名义众筹 80 万，在深圳市宝安区成功的众筹了一个面积 300 亩的农场，在农场里种植荔枝、火龙果等水果。袁灵敏一个人做着微商，每周快递荔枝。

2. 项目实施情况

2013 年 4 月 1 日，袁灵敏在爱卡论坛发出了一篇《寻找 30 人支持我回江西老家找一片林地养鸡，将来用出产的土鸡和土鸡蛋回报给大家，不涉及股权回报》的帖子。找到前十位会员，袁灵敏用了半年的时间。第一批会员预付的 25 000 元成了袁灵敏养土鸡的启动资金，2013 年 10 月 3 日，袁灵敏开始了第一批 1 100 只土鸡的养殖，直到 2014 年 3 月才收获第一批土鸡蛋。随着土鸡蛋的交付，陆续又有许多之前关注袁灵敏的网友也预付费用支持他。

2014 年 9 月，袁灵敏要扩大养殖规模，预计需要 10 万元的现金，于是他又在爱卡论坛发出了一个帖子，并开放 1 万元额度的众筹，回报是每月送一箱土鸡蛋。很快一周时间就找到了 10 位会员，超额获得了 11 万元的支持。其中有位内蒙古的网友，之前从来没有和袁灵敏聊过，看到他发帖后，马上打电话给他说现在只能拿出 2 万元来，你先用着，鸡蛋不用寄，直到现在袁灵敏也不知道这位内蒙古网友的地址而无法给他寄鸡蛋。2014 年即将到来的荔枝季，袁灵敏需要资金周转。所以在 5 月 13 日袁灵敏通过他的微信朋友圈发起了第三次众筹，短短 1 周的时间就筹得了 419 500 元。2014 年 10 月 16 日，袁灵敏通过与众筹平台合作，实施出"短期合伙人"众筹计划，短短 9 分钟时间 800 只土鸡便被 32 位合伙人抢购一空，共回款 138 000 元，通过顺丰生鲜速递公司发往了全国各地。

随后推出的 200 余箱土鸡蛋众筹，也在 25 分钟内被抢购一空，回款 18 000 元。不仅仅是资金的众筹，在袁灵敏创业过程中遇到的难题，也得到了很多网友的义务帮忙。在他的会员越来越多需要管理软件时，很快就有网友免费帮忙制作。在袁灵敏想设计一个以自己头像为原型的 LOGO 时，也很快有网友免费帮着设计。

截至 2015 年 6 月 6 日，袁灵敏一共获得众筹款为 836 000 元，会员有 145 位，除深圳外，还有广州、福建、湖南、上海、浙江、江苏、河北、内蒙古、沈阳等地的会员。

3. 项目实施方案

(1) 支持 2 500 元。支持金额可直接购买农场自产土鸡蛋，按绿壳土鸡蛋 3 元/枚、土鸡 160 元/只，含运费结算。

(2) 支持 10 000 元。支持金额 1 年后随时全额返还，存续期间每月可免费获赠一箱农场自产土鸡蛋。

(3) 会员额外福利。2015 年度可不限次数，和家人带小朋友来果园免费吃水果（限夫妻俩和两位小朋友内）。

(4) 现场支持。赠送 60 枚绿壳土鸡蛋。

(二) 案例分析

（1）当会员消费量偏低时，若会员基数不大，会造成土鸡蛋销售压力很大。因此袁灵敏转变思路：放开众筹，同时为会员提供更多的福利，足够多的会员才能消化他目前每天的土鸡蛋产量。

（2）会员的出谋划策和背后的资源。会员提供的足够多的资源是促进众筹有条不紊进行的基石，一旦缺少有力的支持，就难以保证土鸡蛋销售的顺利进行，而且充足的资金储备可以抵御项目风险。

（3）实现自己更大的农业梦想。其实很多会员对土鸡蛋等农产品并没有具体的需求，看着为了实现农场梦的袁灵敏，被他的初心所感动，从而对他发起支持。

（4）袁灵敏本来就是做微商销售的，第三次众筹只是在微信朋友圈表明了自己的意向，短短一周内就筹集了 41 万余元，因此销售平台和人脉资源也是相当重要的。

（来源：爱卡论坛，北京农学院卓越、王兆怡整理编写）

四、鲜活蜂王浆案例分析

（一）项目简介

该项目于 2016 年 6 月 2 日，在 78 众筹平台上以"鲜活蜂王浆——大山深处的长寿因子"项目上线。此项目必须在 2016 年 7 月 9 日 17：35 之前，达到 50 000 元的目标才可成功。

1. 项目背景

大山中的养蜂人赶上了好时代，深山里的蜂王浆也走出了大山。蜂王浆是青年工蜂舌腺和上颚腺分泌的乳状物质，是蜂王终生的唯一食物，所以蜂王的寿命可达到 5～8 年，而普通工蜂只能活 40～60 天。蜂王浆又名蜂皇浆、蜂王乳，是专供蜂王食用的营养物质，蜂王浆具有非常高的营养价值。

2. 环境优势

岱崮山脉原产地，远离城市和工业区，有天然氧吧蜜源，最适合蜜蜂的生长环境，可以生产出更好的蜜。

3. 蜂王浆的理化性质

新鲜蜂王浆为黏稠的浆状物，有光泽感，其颜色呈乳白色、浅黄色或微红色，颜色的差异与工蜂的饲料（主要是花粉）的色素有关。另外工蜂的日龄增加、蜂王浆保存时间过长，以及蜂王浆与空气接触时间过久而被氧化等因素，都会造成蜂王浆颜色加深。

蜂王浆对热极不稳定，在常温下放置 72 小时，新鲜度明显下降，在 130℃左右失效。但在低温下很稳定，在−2℃时可保存一年，在−18℃时可保存数年不变。蜂王浆暴露在空气中，会被氧化、水解，光对蜂王浆有催化作用。

4. 项目回报

回报一：支持 68 元。来自深山的农家自己生产的纯天然槐花蜂蜜一瓶，500 克/瓶。

回报二：支持 149 元。来自深山的"长寿因子"蜂王浆 1 瓶，500 克/瓶。

回报三：支持 159 元。来自深山的"长寿因子"蜂王浆 1 瓶，500 克/瓶。

回报四：支持 309 元。来自深山的"长寿因子"蜂王浆 2 瓶，500 克/瓶。

回报五：支持 609 元。来自深山的"长寿因子"蜂王浆 4 瓶，500 克/瓶。

此项目筹资失败，目前金额 26 288 元，未达到目标 50 000 元。支持者 167 人，项目截止时间 2016 年 7 月 9 日。

（二）案例分析

这个项目的目标额度是 5 万元，最终只筹了 2 万多元，以失败告终。

1. 产品缺乏竞争力

成本过高，在同行业没有竞争性。随着市场上越来越多的蜂王浆出现，该项目产品显得毫无竞争力。未打造自己的品牌，没有给自己的项目产品打造任何独特的产品品牌，这样自然也就不能从市场众多品牌中脱颖而出。这个项目整体页面的设计感欠佳，表达的也不清楚，产品实拍效果差，价格上也没有太大的优势。产品前期的预热也没有做好，没有广泛引流，一个好的众筹项目，前期需要做大量的准备工作。需要确定合作的媒体组织，确认他们可以发布项目链接，作为大众参与到众筹项目的一个入口。成功的众筹项目缺少不了媒体的曝光，而失败的项目则无一例外缺乏这一点。

2. 方案设计粗糙浮夸，缺乏感染力与信任力

好的文案是项目成功的基础。蜂王浆项目的众筹方案设计粗糙随意，且文案措辞欠缺考虑。

对于回报类众筹来说，基于互联网的传播本身极为缺乏信任基础，平台用户对于项目的筛选与选择，首先要看项目的介绍文案。蜂王浆的项目文案元素缺乏，且无发起人的介绍，无从让客户建立信任体系。再者，文案设计应加以视频辅助，把采王浆的过程记录下来，制作成小视频，增加客户的视觉感知，提升客户的可购买率。

3. 缺乏权威机构认证

除了知名和大家熟悉的产品之外，发起人或者背书也是非常重要，众筹的发起者是名人或者权威机构有利于增加信任。

发起人可以分为两类：①名人，借助名人效应和影响力提升众筹活动影响力和产品信任度；②权威机构（单位），权威机构或单位可以引起更大的轰动效应。奖励类的众筹更多的是冲动性消费，让用户认可你的产品或服务，除了设计一手漂亮的项目文案外，少不了意见领袖对于项目的背书作用。在互联网上传播的众筹项目成功案例中总有一个"人"，是可信赖的、值得支持的。众筹项目的意见领袖有很多，可以是与产品相关的公众人物，可以是公司法人，但更多的时候，意见领袖是项目发起人自己。

区别于电商的直接购买，众筹更多时候会考量项目发起人的项目动机，将对人的信任与兴趣与其项目绑定，是众筹项目信任感和参与感的一大来源。用

户更愿意将钱投给一个鲜活的人物，一个他们所喜欢的角色，而并不仅是一纸回报。在设计众筹方案时，需要将发起人作为意见领袖融入其中，让项目变得鲜活，感人的同时，赢得信任、赢得支持。

该项目产品介绍，并未发现任何权威机构的有效认证。当前社会公众最注重的是产品的食用安全。与传统农业生产方式相比，蜂王浆远在他方，看不见，摸不着，无法让客户对蜂王浆的质量放心。出示权威机构的有效检验证明，可以确保蜂王浆真正的健康无害，是农业众筹项目的成功保证。

4. 目标（众筹金额）设置不合理

第一次发起众筹，需要谨慎考虑众筹的目标金额，初期的众筹尝试更多的是试水过程，采用分阶段的众筹方式，第一次众筹尽量选择轻体量，成功后不仅可以为下一轮众筹背书，更容易获得媒体的青睐，促使商品的品牌化，建立起自己的品牌。

5. 快递保鲜成本高

蜂王浆的包裹措施还不完备，应制备更稳固的包装措施。可以在包装表面进行产品的手绘，为产品做宣传，好的包装也是产品价值的一部分。加冰措施，物流成本较高，可能会导致蜂王浆价格的上升。

（来源：78 众筹，北京农学院王兆怡、卓越整理编写）

五、大福士绿色养殖有机猪肉案例分析

（一）项目简介

1. 宣传口号

为了让更多父母安心，用爱生产健康、用心成就事业——大福士绿色养殖有机猪肉。

2. 项目介绍

大福士天然有机猪在无污染的环境中自然培育、健康成长，精选优良品种，推广健康饲养，全程绿色养殖，自由散养，运动量大，肌肉有弹性口感最佳，无抗生素、农药和重金属残留，是真正安全的放心猪肉。

北京农科海扩生物科技有限公司成立以来，注重品牌建设，先后与中国农科院、北京畜牧局专家开展技术交流合作，"大福士绿色生态有机猪肉"是严格参照国家绿色和有机食品的行业标准和要求，从饲料、养殖、加工、流通及销售等方面进行全过程的供应链管理的高新技术成果。

（1）采用高科技养殖专利技术。依托国家权威科研机构，集中专家智慧，运用生物科学技术开发绿色生态有机养殖。采用的养殖专利技术能有效去除生猪体内的重金属和有害药物残留，并降低发病率，明显提高了生猪的采食能力和生长速度，提高了生猪屠宰出肉率和瘦肉率，并且使猪肉脂肪酸比例发生变化，有利于增强猪肉口感和猪肉的等级，便于加工，猪肉经检测达到了国家绿色食品质量标准。

(2) 规模化、严格的养殖环节。公司有 20 多家养殖合作基地，主要分布在河北保定、廊坊、衡水、邯郸及山东、山西等地区，总占地 2 000 亩。公司现有畜牧专业人员 18 名，其中高级畜牧师 3 名，15 名畜牧专业人员在各地的养殖基地从事监管工作。

3. 众筹金额

众筹的目标金额为 28 856 元，到截止日期共有 8 位支持者，筹集到 3 053 元，占到总目标金额的 11％。众筹失败。

4. 众筹的回报方式

(1) 1 334 元/人，限 20 人。获得大福士有机猪肉 4 斤装礼盒一份，其中包括：后臀尖、五花肉各 2 斤，配送范围限北京地区。

自动成为大福士有机猪肉的终身原创铜牌会员（原创会员仅限 50 名），不受今后任何价格上涨的影响，本次众筹在原创会员价基础上再享受 95 折的价格优惠。

预计回报发送时间：项目成功结束后立即发货。

(2) 4 821 元/人，限 15 人。获得大福士有机猪肉 16 斤（4 斤装礼盒 4 份），其中包括：前臀尖、后臀尖、通脊、五花肉、前排、肋排、猪蹄、猪肘各 2 斤，配送范围限北京地区。

自动成为大福士有机猪肉的终身原创银牌会员资格（原创会员仅限 50 名），不受今后任何价格上涨的影响，本次众筹在原创会员价基础上再享受 9 折的价格优惠。

邀请参加大福士有机生态农场的亲子一日游自驾活动，包括养殖参观、采摘、免费吃农场饭等活动，在青山绿水中体现绿色生态与自然的和谐。

预计回报发送时间：项目成功结束后立即发货。

(3) 7 791 元/人，限 10 人。获得大福士有机猪肉 28 斤（4 斤装礼盒 7 份），其中包括：前臀尖、后臀尖、五花肉、猪蹄、猪肘各 4 斤；通脊、里脊、前排、肋排各 2 斤，配送范围限北京地区。

自动成为大福士有机猪肉的终身原创金牌会员（原创会员仅限 50 名），不受今后任何价格上涨的影响，本次众筹在原创会员价基础上再享受 85 折的价格优惠。

邀请参加大福士有机生态农场的亲子一日游自驾活动，包括养殖参观、采摘、免费吃农场饭等活动，在青山绿水中体现绿色生态与自然的和谐。

预计回报发送时间：项目成功结束后立即发货。

(4) 12 591 元/人，限 5 人。获得大福士有机猪肉 48 斤（4 斤装礼盒 12 份），其中包括：前臀尖、后臀尖、五花肉、猪肘各 6 斤；通脊、里脊、前排、肋排各 4 斤；猪蹄 8 斤，配送范围限北京地区。

自动成为大福士有机猪肉的终身原创白金会员（原创会员仅限 50 名），不受今后任何价格上涨的影响，本次众筹在原创会员价基础上再享受 8 折的价格优惠。

邀请参加大福士有机生态农场的亲子一日游自驾活动，包括养殖参观、采摘、免费吃农场饭等活动，在青山绿水中体现绿色生态与自然的和谐。

预计回报发送时间：项目成功结束后立即发货。

(5) 24 390 元/人，限 2 人。获得大福士有机猪肉 108 斤（4 斤装礼盒 27 份），其中包括：前臀尖、后臀尖、五花肉、猪蹄、猪肘各 16 斤；通脊、里脊各 6 斤；前排、肋排各 8 斤，配送范围限北京地区。

自动成为大福士有机猪肉的原创经销商资格，不受今后任何价格上涨的影响，本次众筹在会员价基础上再享受 7 折的价格优惠。

邀请参加大福士有机生态农场的亲子一日游自驾活动，包括养殖参观、采摘、免费吃农场饭等活动，在青山绿水中体现绿色生态与自然的和谐。

预计回报发送时间：项目成功结束后立即发货。

（二）案例浅析

（1）前言口号不够有新意，没有号召性。

（2）项目背景介绍的信息不足，仅仅说到是北京农科海扩生物科技有限公司，产品名为大福士绿色养殖有机猪肉，公司规模等基本信息严重缺乏。

（3）项目的基本信息部分，仅仅提到产品名为大福士绿色养殖有机猪肉，以及猪肉绿色天然的特性，没有提及运营模式。

（4）项目优势分析中，只分析了产品优势，对于团队和基础设施的具体情况没有涉及。

（5）众筹期限没有明确表示。

（6）众筹金额过高，普通参与者不会轻易投入参与其中。

（7）发起人的信息不够详细。

（来源：众筹网，北京农学院卓越、王兆怡整理编写）

第十二章

休 闲 农 业 案 例

一、中国厦门宝生园休闲农场案例分析

（一）项目简介

农区变成了景区、田园变成了公园、民房变成了客房、农产品变成了商品、农村的闲置土地被重新利用了起来……这是厦门的休闲农业近年来的发展历程。农田面积狭小，是制约厦门农业发展的瓶颈，但是，热度不断升温的休闲农业，堪称厦门传统农业向现代都市农业转型的一个成功代表。

随着源源不断的政策和资金红利被输送进休闲农业，越来越多的农民和创业者也开始争相进入行业，带动厦门的休闲农业呈现出百花齐放的发展态势。农村一二三产业有效融合发展，从根本上有效带动了农民增收，厦门市农村居民人均可支配收入保持快速增长，达到 12 589 元，继续领跑全省。

经过厦门市农业局的积极引导与扶持，一批创业者率先投身闯入休闲农业，经过多年深耕细作，厦门也率先培育出一批屡获国家级与省级荣誉的休闲农庄，在旅游市场上打响了品牌知名度，吸引了越来越多国内外游客的到来。

2015 年，厦门出台《关于进一步促进休闲农业发展的意见》，对获得全国休闲农业与乡村旅游示范点、省及市级休闲农业示范点将分别奖励 30 万元、20 万元和 10 万元奖金。2016 年年初，厦门还首次评选出 2015 年厦门市休闲农业示范点，24 家休闲农庄当中，除了集志农庄等已经获得国家级和省级示范点称号的老牌知名休闲农庄以外，还有大帽山三角梅园等 7 家后起之秀首次获评优秀，其中天竺山香草公园等 4 处休闲农业景点还首次获得省级示范点荣誉。截至 2017 年上半年，全市共有全国农业与乡村旅游示范点 9 个、全省休闲农业示范点 19 个和 32 个市级休闲农业示范点。在资金扶持和政策鼓励下，厦门的休闲农业正向做精、做强的方向"狂飙突进"。

在获评福建省休闲农业示范点称号的天岩山生态农场里，游客不仅能亲身体验下田耕地、自助采摘等特色项目，还可以在农业科普区深入了解农产品种

植和食品安全知识，创业者致力于将园区打造成集农业科技创新、绿色蔬果种植、特色农业旅游、营养健康教育、传统文化推广为一体的"生态农业观光园"。围绕农业基础发掘特色亮点是厦门市休闲农业在发展壮大过程中的一大制胜利器。以天竺山香草公园为例，通过研发的特色自制香草茶、香草糕点、香草精油等一系列周边产品和现场教学 DIY 活动吸引人流，项目广受国内外游客好评。

越来越多的资本力量涌入厦门的休闲农业。厦门的休闲农业发展势头正旺，不同的休闲农庄根据地区特色打造出了符合各自发展的特有风格。近年来，位于集美区的宝生园农业文化主题公园快速崛起，站稳了厦门休闲农庄阵营的第一梯队。宝生园先后获得"全国休闲农业与乡村旅游示范点""十佳生态旅游景区""福建省休闲农业示范点""美丽厦门新 24 景"等多项殊荣。

（二）项目内容

宝生园建成不过三年，但是，这家资历尚浅的休闲农庄却成为行业的"领头羊"。论及原因，归根结底还要从宝生园的发展方式说起。

宝生园在项目合作上有成熟的经营团队和经营模式，以金融资本为基础，以科技为先导，以市场为导向，以和谐共赢为目的，以高效率的运作来开辟市场，结合现有的地域优势和生态特色，通过全方位的资源整合，实现了生态农业的快速发展。公开资料显示，宝生园首先携手136家企业的资源及资本与灌口农村资源做和谐共赢的合作对接，并用成熟的商业模式给农民和企业家带来了新的经济增长点。本地农民引进外来投资企业，土洋结合，大胆探索新型农业产业的发展新模式。

宝生园的创建者们正在努力实践的理想，以点带面创新更多农业发展项目，以都市农业"生态美"来创新农村发展模式。宝生园通过项目合作开创了全新的农业发展方式，引入能够把土地价值最大化利用的新型农业产业，以种植铁皮石斛及有机果蔬产品为主，结合宝生园农业旅游相关配套服务为核心，将周围的旅游景区融合在一起，形成"游山，玩水，赏民俗，体验农业农家情"的旅游格局，同时充分融入稀特种植的风貌。一句话来概括观光园服务区的设计与建设理念，那就是"重体验、求久留、重回头、要高销"。

该项目实现围绕农业核心以种养殖健康农业产品的同时，还以农耕体验、互动、科普、观赏为元素，开辟了一条休闲旅游度假的新经济产业链。它的出现在满足了当今人们精神需求、生活需求、趣味需求的同时，还有助于社会的良性发展，达到真正意义上的生态美、百姓富。

宝生园于 2014 年 4 月 30 日在厦门集美灌口一家餐厅的餐桌上诞生。当时在天行健北大厦门总裁班招生办主任叶巧丽组织的一次活动中，由张万才、林肯、康丽好、陈亚滨、郭庭松、周海明、李万全、赖晓红、张丽梅、林惠玲、俞云、谈海、李春平等厦门知名企业家，共同以众筹的模式每人分别招募若干个名下代持股东，计划分期投资 5 000 万人民币来缔造宝生园农场。当天签订了合作合同，同时按负责经营者为大股东的理念，设计了非常人性的股权机制，缔造出如今的宝生园。设立还不到一年的时间，宝生园在整个碧溪领域可活动及发展的空间达到 4 025 亩。

科学的股东管理模式取得了惊人的收益业绩，宝生园众筹资产过千万的企业家股东人数 178 个，土地入股合作社社员已经超过百人。在这 300 多位股东的农场里，各股东自己在享受农场高福利的同时，还影响了数以万计的亲朋好友成为了农场的常客。

这些企业家股东们及其亲朋好友经常带着自家的孩子，参与如翻土、播种、育苗、分苗、剔苗、定苗、锄草、施肥等农活实践，在宝生园尽享庄主之乐。

宝生园除了开展一些农业活动之外，还有一些娱乐项目，包括：

(1) 恐龙动漫主题展。1 月 16 日至 2 月 28 日，数十只侏罗纪恐龙空降宝生园。它们会动会叫，生动有趣，让你瞬间穿越到惊险刺激的侏罗纪世界。更有超多动漫人物分布在园中各角落。

(2) 美食节。18 种正宗灌口美食，带你体验舌尖上的灌口，各种各样的灌口小吃让你一次吃个够。盐鸭、肉粽、海蛎煎……这些光听听名字就让你垂涎三尺了。

(3) 挖掘机。宝生园里的儿童挖掘机，让小朋友们也可以体验一把挖掘乐趣。

(4) 软陶 DIY。

(5) 骑自行车。自行车在美丽的生态园区缓缓前行，让心随风轻扬。

(6) 骑马。远离城市喧嚣，骑上马儿，享受无拘无束的感觉。

(7) 木屋住宿。房车木屋位于园区的后半区，毗邻园区铁皮石斛种植区，防腐纯原木质构造，生态、低碳、环保、健康、舒适、安静是木屋房间的主题。

(8) 蜜蜂基地。宝生园还把蜜蜂文化注入"农家乐"当中，他们在园里开辟了蜜蜂基地，设置了展板和蜂箱。游客不仅有得吃，有得玩，还能学到健康知识。

(9) 认领菜地。可以在园区内认领一块菜地，体验种菜的感觉。没有时间照顾的也可以让农场工作人员帮忙。

(10) 烤全羊。

(11) 会议会晤场地租赁。现园区在旅游部观光、商贸会议的基础上，提供会议会务场地出租、公司年会、尾牙宴会等场地出租。

(12) 真人 **CS**。所有人共同参与完全融入于真人 CS 中，增加团队感情共同完成任务。

(13) 捕鱼戏水。在炎炎夏日，看着孩子们拿着小鱼网在鱼池中与小鱼追戏、玩耍，能想到自己童年捕鱼的情景。

(14) 挑五谷。仅仅一个餐盘，一杯五谷，十个人一组，就足以让大人小孩尽兴了。

(15) 垒土窝烤地瓜。垒土窝烤地瓜活动其实是一项技术活，看似简单，但当你真正需要动手的时候，你便会觉得确实有难度：垒的平一点，似乎它总是合不起来；垒的不紧，又容易倒塌，到头来功亏一篑。

(16) 自助烧烤。

(17) 摘菜种菜。亲子互动环节，提着小锄头和篮子，可以让小朋友获得自己动手的劳动乐趣。

(18) 帐篷露营。

(19) 家庭园艺区。选上几样绿植，用心装点，一个清新的盆栽便在你手中诞生。

(20) 踩气球。草地上，你追我赶，感受互相竞技追逐的乐趣。

(21) 撕名牌。

(22) 拔河比赛。草地上的对抗，集体的意识和力量的较量。

(23) 蒙古包餐厅。独特的蒙古包群，品味特色美食。

(24) 钓鱼。鱼塘四周为开心农场所环绕，环境恬静安逸，一派田园气息。

(25) 草地 **K** 歌。纵情歌唱，荡气回肠，高歌一曲，烦恼皆忘。

(26) 放风筝。到草地上去放飞自己的梦想，尽情奔跑。

开办农家乐选址一定要到达便利，比如：选择景区门口、停车场门口、村口、公路边是比较好的，利于游客上下车。如果可以的话，应该选在风景怡人、靠山靠水、有大树、有前坪、有特色民居的地方。

人们之所以喜欢农家乐，主要是因为那里的环境和饮食都是无污染、纯天然的。因此，一定要保证饭菜干净安全，最好是配备食品安全管理员。菜谱以价廉物美的野菜、农家菜为主。还可以自制山茶，用山泉井水冲泡。

农家乐的卫生问题是人们最担心的，因此，一定要保证环境卫生干净。要配备消毒柜或消毒餐具，修建冲水厕所、洗手池，点驱蚊香。

农家乐不但需要吃的卫生，住的也需要有特色。比如：最好用店主名字作为店名，增加信任感；突出当地风土人情特色；具有一定的知识性，贴一些景点介绍；古朴实用，多用竹木家具，价廉物美；有媒体报道的话，一定要醒目地贴上去；墙上挂一些蓑衣、农具和有时代特色的宣传画。

配套销售当地的特产，如野菜、百合、黄精、蜂蜜、干鱼等；或者一些花卉工艺品，如白芨、竹木小玩具等。

开办农家乐，一定要进行营销宣传，与旅行社和导游建立良好的合作关系；印制自己的餐饮介绍和推广名片；上网发帖推广，有条件的可以自己建立网站。

（三）案例浅析

分析宝生园成功的原因，可以有以下几个方面：

（1）观光农业旅游产业链在充分利用现有农业资源的基础上，把产业建设、科学管理、高效农业、农艺展示、农产品加工等同旅游者的广泛参与融为一体，实现农业与旅游双赢。观光农业旅游产业链的拓展将连接三次产业、沟通城乡两个地域，一方面可以较好的整合城乡经济资源，另一方面可以整合三次产业的经济活动，沟通其内在经济联系。观光农业旅游产业链的拓展将带来一系列的经济效益、社会效益、环境效益，显示其强大生命力，对推进社会主义新农村建设有着重要的现实意义。

（2）旅游村镇发展的基础——旅游产业与其他产业形成融合发展态势。旅游村镇发展的根本——以旅游产业为主导产业。旅游村镇发展的目标——旅游产业综合体与村镇的整体性发展。政府主导是旅游村镇构建的关键因素。

（3）提升环境质量。环境包括自然环境、文化环境、投资环境、产业发展环境、社会发展环境等多个方面。提升环境质量的根本目的是促进旅游产业的整体发展，同时为文化传承、发扬、展示、创新，创造良好的环境。此外，还包括人才发展环境、居民发展空间环境等。

（4）坚持打造品牌亮点，充分发掘当地的资源优势，以市场为导向，形成具备足够吸引力、竞争力的旅游特色，并依托这种特色，形成核心品牌，发挥品牌价值，提升资源价值、经济效益。

（5）强化管理，众筹形式下的管理者是全民参与管理，促进经济、社会、环境的全面发展。进行全方位的管理要从旅游村镇的规划开始，严格管理，保障有序发展、持续发展。

（6）强调区域联动，面对激烈的旅游市场竞争，孤军奋战已难以获得长远的发展，必然要和周边地区形成动态的联动关系，通过合作扩张发展空间、扩大竞争力。

（来源：众筹网，北京农学院王兆怡整理编写）

二、水域山沙棘汁众筹案例分析

（一）项目简介

1. 众筹背景

近年来，美丽神奇的内蒙古大草原的水土流失、荒漠化日益严重，内蒙古西部成为沙尘暴的起源地。

水域山沙棘汁——为草原荒漠化治理出力，收获健康美丽。

作为内蒙古人，致枫感到很焦急，为还草原的绿草蓝天，他希望能通过种植沙漠植物，开发相关产品，通过产品的销售实现沙漠种树的良性循环，达到"沙漠增绿、农民增收、资源增值、企业增效"的四赢模式。致枫相信只要他将这一沙漠产业持续进行下去，一定会取得好的结果，还草原昔日美丽。

致枫希望通过这次众筹，宣传水域山黄金沙棘的产品，并能筹到种树资金，推广沙棘种植，让更多的人认识这种不仅可以修复地球，也可以修复我们健康的神奇的沙漠植物。

用沙漠产业来带动生态治理，企业的发展兼顾社会利益，以利带益，实现大草原的永葆青春是致枫的梦想。他种植沙棘已有 8 个年头，育有 70 万亩沙棘林。2008 年成立水域山沙棘饮品公司，其产品获得（欧洲、美国、日本）有机认证。通过沙棘产品的研发、生产、销售，将最健康纯净的沙棘产品带给大家，从而进一步扩大沙棘林的种植，治理沙漠，保护生态。

2. 关于沙棘

（1）防风固沙环保小卫士。 沙棘，是一种距今已有 2 亿年的植物。耐干旱、耐寒冷、耐瘠薄，根系发达，串根能力达到 8～10 米，为根瘤菌植物，其根系可以固氮改变土壤，而且固沙保持水土能力非常强。种植沙棘不但能防风治沙、防治水土流失，植物吸收二氧化碳和释放氧气的能力，对空气的改善也有很大作用。

（2）美容养生维生素 C 之王。 沙棘果中含有多种维生素、SOD、花青素、OMG3、微量元素、亚油素、黄酮、等活性物质和人体所需的各种氨基酸。其中维生素 C 含量极高，每 100 克果汁中，维生素 C 含量可达到 825～1 100 毫克，是猕猴桃的 2～3 倍，素有维生素 C 之王的美称。除此之外，沙棘中含有大量活性成分能够起到抗衰老作用。

（3）沙漠植物"六无"产品。 沙漠植物产品，我们称之为"六无"产品。因为沙漠没有雾霾，没有 PM2.5，没有工业水污染，更没有土壤污染，而且植物没有病虫害，不用打农药，日照时间最长。最关键沙漠植物是耐干旱耐寒冷植物，其自身物质含量非常丰富，生命力极其顽强，不用施肥，所以沙漠植物的产品才是真正无污染、纯天然、绿色有机食品，才是"无光污染、无水污染、无空气污染、无土壤污染、无施肥、无农药"的"六无"产品。

(4) 权威认证放心产品。水域山沙棘果汁进入市场以来，凭借天然、绿色、原生态的特征，深受消费者喜爱，市场规模迅速扩大，并被授权为"第十一届亚洲艺术节"的指定饮品。企业通过了 ISO9001 认证、HACCP 认证，其水域山果汁先后通过了种植到生产的全产业链的中国有机认证、欧盟有机认证、美国有机认证、日本有机认证。

(5) 筹一份支持换草原一抹新绿。对于该众筹项目的支持者，发起方将回馈最高品质的水域山沙棘产品，支持者将为荒漠化治理捐赠沙棘苗，发起方会在水域山有机沙棘林碑记中刻录支持者的名字。同时，支持者还将有机会获得鄂尔多斯双人双飞 3 天 4 晚免费游，畅游响沙湾、成吉思汗陵、鄂尔多斯草原等美丽风光，见证绿色奇迹。

3. 关于价格

(1) 种植沙棘一亩，150 株，成本约为 300 元。

(2) 水域山沙棘果汁在市场的零售价约在 19.8～25 元/罐（500 毫升）。本次众筹活动沙棘果汁 12.5～16.6 元/罐，约为市场价的六折。

4. 众筹模式

顾客通过平台提供资金，公司用提供的资金购买沙棘苗，并在水域山沙棘林碑记中刻录捐赠者的名字，还会有机会获得鄂尔多斯双人双飞 3 天四夜的免费游，游鄂尔多斯草原的响沙湾等沙漠景色。

（二）案例浅析

(1) 沙棘对于全国来说是个稀有的产品，极具特色文化背景。沙棘果主要成分已经被检测出具有较高的营养价值，能够引起人们猎奇的好奇心。沙棘所在地是沙漠草原结合地区，具有较高的旅游附加值，所以产品和背后的附加值能让人们愿意掏腰包。还有一个就是沙棘在沙漠地区能够作为绿化植物，抵抗沙漠的侵蚀，能够固沙锁土。这样众筹参与者可获得沙棘产品，还有得到旅游的机会，也会参与到国家治理沙漠的工程之中。

(2) 沙棘产品的运营模式抓住了人们猎奇的心理，利用沙漠治理产业来带动生态治理，企业的发展兼顾社会利益，以利带益，成果显著。公司育有 70 万亩沙棘林，成立的水域山沙棘饮品公司，其产品获得（欧洲、美国，日本）有机认证。通过沙棘产品的研发、生产、销售，将最健康纯净的沙棘产品带给大家，从而进一步扩大沙棘林的种植，治理沙漠，保护生态。人们关注的不仅是沙棘这个产品，而且注重沙棘背后的故事，让人们也能参与到治理环境中去。利用互联网，让不会说话的沙棘开口说话为沙漠代言。

（3）这一模式与其说是一种营销，不如说是发起的一场公益活动，利用产品背后的东西来留住顾客。

（来源：众筹网，北京农学院王兆怡、刘康伟整理编写）

三、"天空菜园"项目案例分析

（一）项目简介

1. 众筹缘由

近些年，随着生活节奏的加快，很多生活在都市的人，越来越向往自然。对此，在万通集团工作的张恂、范国华、郝汉杰等人通过众筹网平台联合发起了关于"天空菜园"的项目。张恂等几个热爱生活、崇尚自然的人因为共同的兴趣爱好走到了一起，他们这个小小的农业团队，一直梦想着给城市带来一抹盎然生机。通过众筹网这个平台，他们的"天空菜园"项目落户在北京万通中心的屋顶。

2. 项目回报

"天空菜园"这一项目，在众筹网上设定的项目回报是：

（1）支持 1 元。 将会被张恂团队邀请加入屋顶菜园生活微信圈，分享都市田园的相关资讯。另外，团队还会不定期进行投资活动，奖品有园艺种子和园艺工具等。

（2）支持 100 元。 将会得到冯仑亲笔签名的著作《理想丰满》一书和精品易拉罐园艺种植一盆。

（3）支持 500 元。 可获得未来屋顶菜园 1 平方米种植区 1 个季度的地主身份，可于种菜开放日期间带领家人、朋友等来种菜、参观，并收获 1 个季度内可产出的蔬菜、花卉。可优先使用活动场地并享受 8 折待遇。屋顶农场建成后可参加 3 次公开活动。

（4）支持 1 000 元。 屋顶菜园建成后，可获得未来屋顶菜园 1 平方米种植区全年的地主身份，可于种菜开放日期间带领家人、朋友等来种菜、参观，并收获整年内可产出的蔬菜、花卉。可优先使用活动场地并享受 8 折待遇。屋顶农场建成后可参加 10 次公开活动。

（5）支持 3 600 元。 在屋顶菜园建成后，一年内可以使用屋顶菜园整个 2 000 平方米活动场地一天（含菜园、桌椅、遮阳设备投影设备、茶歇等）。获得屋顶菜园所收获的当季蔬菜 30 斤，鲜切花卉若干。

(6) 支持 40 000 元。会成为张恂团队的合作伙伴，共同建设天空菜园，风险共担，成功共享。屋顶菜园建成后，可获得未来屋顶菜园 5 平方米种植区终身地主身份，可于种菜开放日期间带领家人、朋友等来种菜、参观，并收获整年内可产出的蔬菜、花卉。屋顶农场建成后可优先参加所有公开活动（开园仪式、种植分享会、星空音乐会、萤火虫酒会等，活动将在微信公众号发布）。

3. 项目概述

"天空菜园"位于万通中心楼顶，一个大约 2 000 多平方米的空地，可供种植以及活动的空间约有 1 000 平方米。张恂等人打算将其中 500 平方米用作蔬菜种植，每种蔬菜在种植过程中都严格遵循有机种植标准，每年 4—10 月将出产当季的有机蔬菜。对这个项目感兴趣的人，可以通过众筹的方式成为会员，租种这里的菜地。剩余的 500 多平方米用来种一些绿色植物、鲜花，供人们游览观赏。

这一项目在众筹网上线后，得到了很多人的关注与支持。为了推动项目筹资进度，张恂团队举办了一个项目路演，一方面能够跟支持者近距离接触，让支持者亲耳听到项目团队的介绍，另一方面也可以让潜在支持者体验下"天空菜园"的魅力，进一步加深了解和信任感。于是，2014 年 8 月 22 日，张恂团队举办了"天空菜园"众筹启动仪式，并邀请众筹网相关领导出席。很多的众筹参与者来到现场，把会议室挤得水泄不通。看着大家的热情，张恂团队忙前忙后，全然忘记了创业中的艰辛，心中倍感欣慰。

伟大的梦想需要脚踏实地地一步一步去实现。张恂团队人不多，但在农业专业技术以及公司管理方面都有丰富经验。活动现场，张恂为大家详细介绍了万通立体城市绿色空间农业团队未来发展规划以及"天空菜园"的项目优势与特点，并与现场参与者进行了积极的问答互动。让张恂团队惊喜的是，"天空菜园"项目在当天活动结束后就筹集到了 8 万元，完成了筹资目标，并最终获得了 21 万余元的筹资额，远远超出了预期。

"天空菜园"项目作为田园生活的实践项目，它不仅在理念上有一定价值，更是一种生活方式的革新。从这个项目得到众多人的支持可以看出，都市人对田园生活有着一种发自内心的向往。

4. 项目跟进

夏天有屋顶农场，冬天屋顶还能种菜吗？其实张恂团队早有计划，他们将开展"室内农场"项目，把农场直接搬到公司内，搬到家里，在漫漫寒冬和大家一起继续分享绿色和温暖。"室内农场"实际上是规格不同的蔬菜种植架与蘑菇屋，可以摆设在屋内的角落里，既美观又让大家足不出户就可以享受到种植的乐趣。有了上次众筹的经验和积累的粉丝，张恂团队对"室内农场"项目充满信心。2014 年 12 月，"室内农场，一起播种冬天的希望"在众筹网上线了，筹资目标为 15 万元。设置回报如下：

（1）支持 1 元，加入"都市农耕"微信讨论群，了解时尚农业最新动向。

（2）支持 30 元，获得办公室迷你蘑菇盆栽一个，并可加入"都市农耕"微信讨论群。

（3）支持 650 元，获得一单位 LED 蔬菜种植架一组（1 单位为 35 厘米×40 厘米×60 厘米），种植基质、肥料、蔬菜苗。

（4）支持 880 元，获得体验型 M. R. 蘑菇屋一组（52 厘米×38 厘米），全套标配（蘑菇架、菌包、加湿装置、灯具等）。

（5）支持 1 250 元，获得两单位 LED 蔬菜种植架一组（1 单位为 35 厘米×40 厘米×60 厘米），种植基质、肥料、蔬菜苗。

（6）支持 1 850 元，获得三单位 LED 灯蔬菜种植架一组（1 单位为 35 厘米×40 厘米×60 厘米），种植箱、基质、肥料、蔬菜苗。

（7）支持 2 880 元，获得标配蘑菇架一组（69 厘米×93 厘米），内置加湿器与灯具，种植蘑菇菌包。

（8）支持 5 000 元，获得餐厅/咖啡店/办公室/家庭菜园设计小套餐一套（3 平方米）。

（9）支持 10 000 元，获得餐厅/咖啡店/办公室/家庭菜园设计小套餐一套（6 平方米）。

与上次一样，张恂团队在北京万通中心 2 层的台北印象馆中，组织了万通绿空间"室内农场"项目众筹发布会。张恂作为万通绿空间项目团队的负责人，总结了"室内农场"的三大优势：真、酷、美。说它真，是因为农作的健康有机，没有任何的添加剂，没有任何农药化肥的成分；说它酷，是这一项目会结合互联网等，让有绿色爱好的人们互相交流，共同分享经验；说它美，是因为农作物本身就具自然之美，这种美是纯粹自然的一种生命之美。

发布会在结束之前，启动了现场众筹的方式，参会人员纷纷给予了支持，期待着能完成自己在都市的绿色梦想。"室内农场"项目最终成功完成了融资目标，但这一项目只是张恂团队迈出的一小步，只是绿色步伐的开始。

（二）案例浅析

众筹模式独特和吸引人的地方就是"参与感"。所谓参与感不是简单的指支持者可以得到产品，而是指支持者能够参与到产品研发生产的过程中。在"天空菜园"项目回报设计中，我们可以看到支持者们不仅可以与创业团队组成微信朋友圈，分享都市田园的相关资讯，不定期参与朋友圈的各种活动，还可以亲自体验种植的乐趣，甚至 40 000 元的支持者，还可以成为张恂团队的合作伙伴，共同建设"天空菜园"，风险共担，成功共享。这样的回报给予了支持者各种体验和参与的方式，使支持者可以跟创业者一同去享受创业的乐趣。

此外，"天空菜园"和"室内农场"众筹成功很重要的一点在于，在众筹过程中给予支持者线下体验的机会。张恂团队的两次众筹都举办了众筹启动发布会，其实质与项目路演差不多，创业者与支持者的见面交流，以及对项目产品的提前体验，可以增加支持者对项目团队以及产品的信任感，并且现场引导和鼓励支持者来参与，可以有效提高筹资进度，提高众筹成功率。

因此，如果条件具备，建议项目发起人可以在众筹中期适当组织一些线下活动。众筹虽然是一种通过互联网来吸引大众参与支持的模式，但是如果可以用线上和线下相结合的方式去推进众筹融资进度，是值得一试的。

（来源：众筹网，北京农学院王兆怡整理编写）

第十三章

休闲农庄案例

一、阿卡农庄案例分析

（一）项目简介

1. 基本情况

阿卡农庄成立于2011年，通过结合农业、金融、IT三个方面，打破了传统农业营销与管理方法，是一家致力打造中国创新农业品牌的公司。阿卡的创新包括开拓金融合作，成为第一家发行主题信用卡的农业公司；推出农产品金融衍生产品；以众筹模式新建多家农场和有机餐厅；通过互联网微信营销和京东自营减少中间渠道；全面推进IT管理技术高效管理农业种植，2012年即实现实时的APP掌上蔬菜溯源体验，完全开放农场，让家庭和孩子参与农业种植，完善体验式消费模式；引进微生物技术，坚持不施农药、化肥，改良土地具有可持续性发展的生产力，用心种植安全放心的农产品；组织当地农民恢复大棚温室生产，改散户为集约式使用土地资源，提高运作的效率。阿卡农庄目前已经拥有4家会员制参与式农场，占地2 000亩，整合除有机蔬菜以外肉蛋禽米果五类核心农产品种植养殖。目前已经有2万个会员家庭，200家跨国企业，600家幼教机构加入到一个全新的农业生活体验服务平台上。

阿卡农庄是一家整合了金融服务、技术创新的农业生活体验服务公司。它以都市周边的生态农场为服务基地，为渴望回归自然、追求健康生活方式的大企业和高端会员家庭提供有机托管种植服务、农产品配送、亲子自然教育、特色活动等综合服务。

2. 商业模式

其商业模式是基于云服务框架的农业服务型公司，以O2O的方式实现消费互动。通过技术服务、自然教育功能，提供农事体验等，为会员、企业、农户打造一个涉及农产品流通和金融服务的农业服务平台。

3. 发展历程

2012 年 1 月，示范农场成立，500 亩 206 个大棚，建立以体验种植为特征的会员制有机家庭农场。

2012 年 2 月，首家跨国公司甲骨文入住。

2012 年 9 月，中国首家儿童自然教育基地成立，共接待 600 家幼教机构。

2013 年 4 月，科委指定"智慧农业示范基地"。

2013 年 5 月，所有大棚安装物联网设施，完成全程溯源平台。

2013 年 10 月，开始进入 1 200 家高端社区，建立 100 家社区服务站，实现冷链物流宅配。

2013 年 12 月，北京与内蒙古合作 5 万亩合作开发协议签署并立项。

2014 年 2 月，以"昌农"品牌整合合作社资源，搭建电子和移动商务平台。

4. 生物技术保障食品安全

(1) 有机土壤活化剂。是复合微生物菌群共代谢的综合产物，不仅具有传统单一抗生物质的作用，它属多重作用机制，此类制剂不会发生传统农药应用上常见的抗药性问题，并且对土壤、生态环境以及植物生长，都有促进性的正面效果。技术来源：厌氧发酵程序、微生物环境控制、优势菌种复育、微生物分子遗传学的分子生物鉴定与特殊酵素生产的专业能力。

(2) 兼气与厌氧菌共存系统（菌种共生特色）。OSA 含有大量复合益生菌群，菌液中包含兼气菌及厌氧菌的共生系统，针对土壤生长环境，重新链接好氧—兼气—厌氧的环境生态循环，充分恢复土壤健全环境。

7 年时间，阿卡农场的创办者江宇虹从租一个 20 亩地的农场开始，凭借互联网素养，积累了 20 000 多个家庭会员、200 多个企业会员，在北京、上海、浙江、河北等地承包下总共 7 000 多亩地，把一个小农场打造成一个年销售过亿的现代化农场。

(二) 案例浅析

1. 用互联网降低经营成本

互联网已经成为降低成本的最好的工具，这个在现代农业领域已经得到了证实。互联网技术可以帮助农业经营者提高工作效率，降低人力成本，拓展营销渠道。

具有 IT 博士学历的江宇虹利用互联网改变农业生产方式、管理方式。她把原来的云平台、云服务拿来监控农事生产流程，保证吃到的食物零农药、零化肥、零激素，让每一步都可追溯。

阿卡农场里装有摄像头、探测器隐身在各个角落，他们还专门写了电脑程序，比如，卷帘机什么时候打开，以控制蔬菜的光照时间；通风口什么时候打开，以控制大棚的温度，还有土壤的湿度，也会影响病虫害的发生率。育苗、授粉、土壤改良、病虫害防治等，每个环节都有标准控制，而且都可以做到远程监控。阿卡农场的互联网技术运用，提高了农场的蔬菜、水果的成长速度，并减少作物病虫害的发生，提高了产量和品质，从而提高了农业产业的利润。

2. 重构消费信任

江宇虹破解消费者对农产品的信任难题有 2 个大招：

第一招：农产品溯源。江宇虹利用自己的 IT 优势，让每一批从农场里出去的粮食和蔬菜都挂上二维码。消费者通过二维码可以识别此产品生长环境和情况，从而提高消费者对农产品的信任。

第二招：新媒体。新媒体是粉丝信任的开始。江宇虹把新媒体当做阿卡农场展示的窗口，会员可以看到自己农场的蔬菜成长和管理情况。如此，让消费者能够随时随地了解农场和蔬菜的情况，也有利于提高消费者对农场和产品的信任。

在 2013 年农场就已经实现了利用新媒体（手机 APP）实时直播会员菜园空气指数、温度等指标，对种植品种生产全过程进行实时播报。同时，会员可以实时了解农场活动信息，安排家庭安排出行计划，通过双语自然教育手机小游戏等功能，增加与用户之间的互动，提高客户体验感和组织管理效率。

3. 供应链是一切

供应链是确保服务与品质的关键，一旦供应链出了问题，用户体验将会大打折扣。江宇虹的阿卡农场建立了一整套完整的供应链体系。尤其是在产品端，阿卡农场除了拥有自己的 18 个蔬菜大棚基地，同时还采用加盟的方式，吸纳周边的小微农场成为其供应商，确保为会员服务。

江宇虹对这些加盟进来的农场管理和要求特别严格，凡是成为阿卡的供应商的农场，阿卡可以提供免费的 IT 管理系统、种植规范和标准等，但合作农场要生产出符合标准的产品才能挂阿卡的牌子，恪守食品安全底线，确保农产品安全。

4. 做内容

农场也是创业者的一个作品，既然是作品就必须把内容做好。农场内容的组合、内容设计等都是吸引消费者或者会员的方面。

阿卡农场的内容经营有三个方向：

第一个方向：产品是会员的。申请成为阿卡会员，就能得到一个属于自己的农场和蔬菜、水果产品。会员可以自己经营自己的农场，做一个快乐的农夫。

第二个方向：免费体验采摘活动。阿卡的会员可以参与农场组织的各项活动。尤其是采摘活动，会员可以体验农趣，获得健康、有机的农产品。

第三个方向：知识教育。江宇虹带领着阿卡从最初的有机菜种植拓展到农业儿童自然教育，再延伸至近年的文创与乡村民宿，把农业做成了一张时尚的名片。

孩子们可以在阿卡农场里认识大自然、学习农业知识、体验农耕生活。同时，阿卡农场和北京的600多家幼儿园持续不断地做儿童自然教育的活动。也有很多企业也找到她，希望在农场里组织团建活动。于是，江宇虹又受到启发，她的朋友大多都是企业高管，利用从前在跨国公司的人脉，江宇虹把一些从事金融、科技、教育的企业发展成了她的主要客户。企业只要来农场包大棚，它的员工就可以随时到公司大棚里来种菜、摘菜、组织活动，蔬菜成熟后还将作为员工福利发给大家。

同时，对于家庭客户，农庄也有订制化的产品。被家庭承包的地块上，都写着主人的名字。客户可以根据自己的喜好，在当季适种的30余种大菜单里选择品种，从种植到收割可以自己完成，也可由农庄代劳，收获的蔬菜可以冷链送到家。农场还有一些教育课程，让孩子们了解自然，体验农田的乐趣。

5. 先找客户再做产品

江宇虹的策略是"先找客户"，对客户需求摸清之后，再进行生产。江宇虹"找客户"有2个秘诀：

秘诀一，免费体验产品。江宇虹把农场剩余的蔬菜、水果免费送给非会员朋友，让他们喜欢上阿卡农场的农产品，从而形成依赖关系。

秘诀二，树立口碑。江宇虹一直在讲一个"IT女博士种菜"的故事，同时，这些蔬菜、水果都是有机、健康的。农场因其农产品的新鲜度和口感度都高于一般产品，所以有良好的口碑。

来阿卡农庄体验农事的人一般分为以下几种：一类是有一定经济基础又有时间的企业中高层；一类是对健康生活方式有一定追求的人士；还有一类是有农村背景但长期在城市生活的人。此外，还有建设团队或企业文化的公司，或者是培养孩子动手能力的父母。

客户不仅可以付费体验种植服务，还可以在收获季节亲手收割劳动成果或者由工作人员代劳。

6. 预付费制

预付费破解了现金流的问题。同时，预付制可以快速帮助农业经营者开展与扩大生产。阿卡农场的实行的都是"预付费制"。作为阿卡农庄的会员，只需交纳不到 2 万元，就能拥有自己专属的小农场，享受每年 48 次有机蔬菜的配送，还可以来农场体验农活、采摘等活动，3 年后，所缴费用还可全额退还。

江宇虹将大公司作为目标客户，为这些企业提供蔬菜，企业采用预付费的方式，每年选取要种植的蔬菜品种，由江宇虹负责种植和维护，并在蔬菜成熟后采摘并分装好配送到企业。

预付费制受到会员的认可。阿卡农庄在北京发布了一则众筹通告，没想到竟然有 2 000 多人认筹，最后因为农庄面积有限，首批招募了 200 名。

在江宇虹的探索中，众筹的思路，能为规模化扩张找到了一个非常合适的经营模式，农庄采取预付费模式，按需生产，按量定价，保证了销路，还免受市场价格波动的影响。

目前，在北京和上海，阿卡农庄已经积累下 2 万名家庭会员，200 多家企业会员。阿卡农场期望越来越多的人参与进来，越来越多的资源要进行整合，阿卡农场所做的，其实就是资源的整合。

（来源：运营狗，北京农学院王兆怡整理编写）

二、众筹武当红红酒庄主案例分析

（一）项目简介

1. 关于武当红红酒

1998 年成立于十堰市的湖北武当红农业科技股份有限公司，主要经营果酒（原酒、加工灌装）制造销售。公司地处秦岭南麓，东邻武当山，南接神农架，坐落于国家 4A 级景区五龙河入口处。公司由梅诺克酒庄、野生葡萄酒厂、20 万亩野葡萄基地和千亩有机示范基地及 20 余家城市连锁店组成。公司集野生葡萄资源开发、旅游观光、欧式酒庄经营为一体，是国内首家通过有机食品及 AA 级绿色食品双认证的葡萄酒生产企业，属湖北省林业产业化省级重点龙头企业。

武当红的发展理念是"思路决定出路，创新引领未来"。合理利用自然资源，坚持可持续发展观念，以发展绿色造福一方百姓为己任，兼顾质量、信誉与品牌。打造了中国红酒文化与精髓，也慢慢形成了以地域特色产业向周边辐射的多元化态势。

武当红依托秦巴山区得天独厚的野生葡萄绿色资源优势，生产原料采撷并精选当地原生态、纯天然、无污染的珍稀野葡萄品种。公司通过专有的生物降酸酿造技术，融合吸收国内外先进的酿酒工艺，在国内首创利用野葡萄加工干红葡萄酒，解决了葡萄酒加工过程中农药等化学成分残留的难题，保证了酒品健康安全和自然纯正的优秀品质。公司出品的"武当红"系列野生葡萄干红酒以"天然·健康·营养"为特色，富含氨基酸、矿物质、有机酸、维生素等多种营养物质，并具有普通葡萄酒少见的 SOD、白藜芦醇等成分，具有极高的营养价值和保健功效。酒品充分融入了"回归自然，崇尚健康，注重品位"的现代生活元素，贴近并迎合了高端葡萄酒市场的需求，因此深受主流商家及高端消费群的青睐。

2. 项目概况

发起平台：易筹云方。

发起时间：2015 年 3 月。

发起人：湖北武当红农业科技股份有限公司。

3. 筹款目标

1 000 000 元。

4. 筹资结果

截至 2015 年 4 月 20 日，筹得 241 680 元。

5. 回报设置

（1）支持 80 元。武当红山葡萄干红葡萄酒；太极拳 24 式拳谱系列生态文化干红酒 1 瓶，市价 168 元/瓶；成为梅诺克酒庄俱乐部会员。

（2）支持 100 元，10 000 元预约金。拥有 1 亩成熟挂果期葡萄园的经营权和收益权，至少获得年化 10% 收益分红，分红收益按月支付。成为梅诺克酒庄俱乐部终身高级会员，每年赠送武当红地之道 2 瓶（市场价 359 元/瓶）。享受 7.5 折价零售购酒。租赁投资锁定期一年。期满如投资者希望退出，即返回本金 10 000 元。租赁期最长可至 2028 年 2 月 28 日。

（3）支持 10 000 元，10 万元预约金。拥有 10 亩成熟挂果期葡萄园经营权和收益权，至少获得年化 10% 收益分红，分红收益按月支付。成为梅诺克酒庄俱乐部终身高级会员，每年赠送武当红地之道 20 瓶（市场价 359 元/瓶）。享受 5 折价零售购酒。赠送 2 个武当红品酒名额，包含 1 天食宿、武当山一日游及实地考察武当红庄园。投资租赁锁定期为一年。期满如投资者希望退出，即返回本金 100 000 元。如继续投资租赁，最长可至 2028 年 2 月 28 日。

6. 项目亮点

投资 10 000 元，便可成为梅诺克酒庄的庄主，拥有 1 亩成熟挂果期葡萄园的经营权和收益权，至少获得年化 10% 的收益分红，众筹的整体利益将接近 17%。不仅如此，投资人还可以降低门槛成为武当红的小微代理商，并享受会员礼品和 7.5 折的购酒优惠。此外，酒庄对追求品质生活的年轻庄主也格外重视，希望将温馨浪漫的酒庄婚礼文化传递至国内的年轻人。在投资 10 万元的庄主中，酒庄将按照投资人年龄额外赠送红酒山庄一日游，以及浪漫优雅的酒庄婚纱摄影一套。

（二）案例浅析

酒庄给人一种气质与名流的感觉，湖北武当红公司以其极具特色的酒庄婚礼概念和分红、股权收益等，通过"酒庄庄主召集令"迅速吸引了大量投资者的眼光，得到了充足的众筹资金。

项目发起方湖北武当红农业科技股份有限公司已于 2014 年 12 月 15 日在武汉股权托管交易中心挂牌，共发行 800 万股，市值 7 664 亿，并计划 2018 年登陆创业板。在许多人的心中，众筹属于草根创业，仅针对有梦想却囊中羞涩的群体，而这样一家已具有相当实力、盈利能力尚佳的传统企业又是如何用众筹改变传统的商业生态和模式的？

为了吸引年轻人，武当红还加入了许多浪漫元素的奖励，既是股权增发也是市场营销活动。由此可见，众筹并不仅仅限于小微及初创企业，对中型企业也有启迪。

众筹的目的并不仅仅是为了筹集资金，在筹集资金的同时还为企业解决了市场推广问题。很多企业都会为怎么做公关推广而烦恼，众筹是一个最好的市场调查的方式。采取众筹的方式，不仅可以扩大企业的知名度和影响力，还能够筹集到更多的资金，可谓一举多得。

（来源：易筹云方，北京农学院王兆怡整理编写）

第十四章

田园综合体案例

一、众筹"东方酒肆"葡萄酒文化旅游小镇案例分析

（一）项目简介

众筹"东方酒肆"葡萄酒文化旅游小镇项目是由北京绿维创景规划设计院旅游与城市规划设计专家、产业地产与新型城镇化运营服务商 New Dimension Planning 和 Design Institute Ltd 共同设计规划的。

该项目是一个集合各种众筹模式、将众筹运用到极致的旅游综合项目。主要目的是通过"东方酒肆"葡萄酒文化旅游小镇项目落地平台，形成小镇企业家、投资人、创业人和战略合作伙伴会议的聚集地和活动场所——众筹论坛与众筹俱乐部，构建和推广众筹发展模式；在众筹核心区有效整合圈内资源，吸引投资人、运营商、品牌商、消费者，借助众筹小镇这一平台对项目或项目公司进行宣传、推介，吸引圈内客户及公众的关注，从而实现行业资源整合，最终获得资金支持。

1. 众筹的核心思路

众筹小镇的核心思路就是形成投资和消费一体化的解决方案，可简单概括为：参与投资、利益分享、锁定消费。千万粉丝参与众筹，就会形成资金、资源、能力、客户、产业、社区、教育、医疗等的集聚，他们的身份也从单一的消费者，变为"投资者与消费者"的结合体，从而使得开发商在开发初期就锁定了优质的众筹投资人和市场客户，既减轻了开发商的资金压力，又绑定了一部分物业，解决项目销售端问题（图 14-1）。

众筹小镇既可推动城镇化、产业、居住等一体化的发展，又可以从粉丝到消费者、从消费者到产业、从产业到城镇化，形成自我循环、自我造血、自我发展的经济综合体，打造出互联网化的新型城镇化发展模式。

2. "东方酒肆"的商业模式

（1）平台定位——打造三大平台。首先，打造以葡萄酒文化为主题的旅游

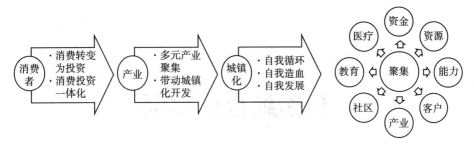

图 14-1 众筹小镇的核心思路

核心项目，提升项目名气，带动区域人气，形成综合性旅游体验平台；其次，利用文化休闲商街、度假酒店、沙滩营地与海上栈桥等休闲产品的聚集，延长停留时间并扩大休闲消费，形成高品位文化休闲体验平台；最终，带动文化旅游地产的开发，实现土地开发的良好收益与资金流的回收，形成一流的旅游度假地产置业平台。

(2) 业态支撑——形成四大中心业态。三大平台的构建，需要业态的支撑。因此，小镇项目从核心吸引中心、休闲聚集中心、文化产业生产中心和利润创造中心四个角度，设置了餐饮、街区、广场等业态（图 14-2）。

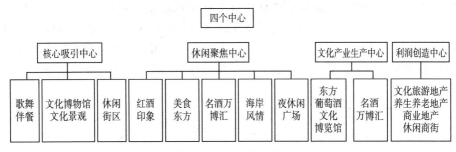

图 14-2 四大中心业态

(3) 运营模式——招商、选商、活商、养商。在区域旅游的打造和运营过程中，应将商业和旅游运营模式紧密结合。商业部分形成全程把控机制和商业运营体系，量身打造盈利点。通过在旅游方面提供的针对性节点营销活动，打造自身品牌，提升利益空间，将旅游与商业结合，在带动游客数量的同时带动商品消费，相互合作协同发展，实现"东方酒肆"葡萄酒文化旅游小镇的品牌基础（图 14-3）。

(4) 盈利模式——四个盈利来源。众筹小镇的盈利来自于原住居民、经营者、投资者及旅居游客四个方面。其中，具有吸引力的文化游线为观光型景区

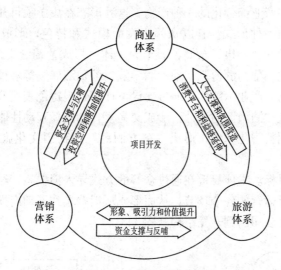

图 14 - 3　众筹小镇运营模式

带来的传统旅游客群，是盈利形成的基础；具有差异性需求的复合型商业聚集为休闲消费型景区带来的商业旅游客群，使得盈利能够更加持久；具有持续性基本需求的度假产品为分时度假结构带来的基础旅居客群，巩固了小镇的盈利结构（图 14 - 4）。

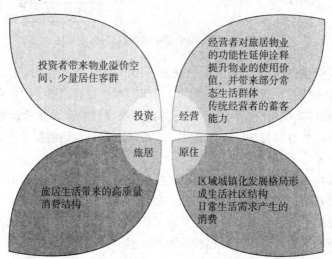

图 14 - 4　众筹小镇盈利模式

3. "东方酒肆"的众筹开发方案

（1）发起基础。本项目是基于地产开发，结合了红酒产业和旅游产业的小镇形态，是旅游产业综合化的一种产物。这种形态在旅游项目开发中已成为越来越有影响力的一种形式。它以众筹为发展模式和特色，形成葡萄酒交易中心，集红酒的批发、零售、仓储、展销为一体；形成葡萄酒文化产业聚集区，涵盖葡萄酒文化、葡萄酒博览、葡萄酒学院、葡萄酒展览等多种业态；形成葡萄酒文化小镇创意产业示范区，通过建设设计、景观特色表达等，彰显文化创意的力量；通过"酒币"的设计，形成交易模式的创新互动性体验；以众筹论坛、俱乐部、创新孵化基地，形成"东方酒肆"葡萄酒文化旅游小镇众筹核心区。

（2）众筹目标。本项目旨在通过众筹的方式导入消费者、经营者共同参与小镇投资建设及运营的各个环节，从而形成从消费端到不动产投资、商业运营公司、项目开发公司的倒开发结构（图14-5）。

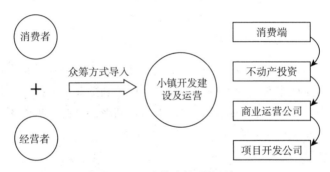

图14-5　众筹小镇项目目标

（3）吸引核设计。"东方酒肆"众筹小镇的吸引力，在于以多元业态项目的开发众筹为核心，通过"投资商、运营商"两个招商，锁定"投资商、消费者"，一方面解决项目资金问题，另一方面解决项目招商及运营问题，同时还可为项目导入具有参与性、主人翁性、消费性、收益性的消费者，解决人气问题（图14-6）。

（4）投资人参与的四个阶段和三重权益回报。导入投资客与消费者，参与众筹小镇投资解决了三个层面的问题：参与一级土地开发、二级房产开发；参与（可经营性）物业产权购买、投资购买；参与直接消费、间接消费和延时消费。小镇投资人也将得到三重权益：资产权益（不动产）、资本权益（股权）、消费权益（红酒）（图14-7）。

（5）投资人的权益结构。葡萄酒文化旅游小镇，用众筹来做投资，使愿意创业的人通过众筹实现梦想，形成众筹聚集，实现资源整合，通过众筹（投资）人战略合作，联合执行获得开发收益和持续性收益（图14-8）。

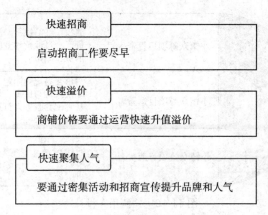

图 14 - 6 吸引核设计

图 14 - 7 小镇众筹导入投资人参与的四个阶段

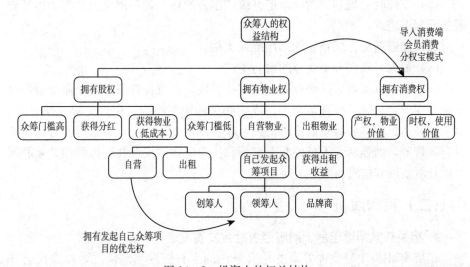

图 14 - 8 投资人的权益结构

(6)"酒币"设计。"酒币"是葡萄酒文化旅游小镇众筹项目投资人权益或使用价值的货币化、标准化和量化的媒介（图 14 - 9）。

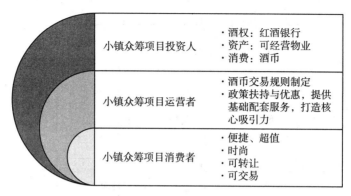

图 14-9 "酒币"设计

4. 创新孵化基地与众筹相结合

在大众创业、万众创新的新时代，众筹是引领创业的先行者，它让有创业能力，但缺乏资金的创业者，在获得稳定价值回报的基础上实现梦想。本项目运用创筹模式，导入创业、创客的理念，实现创业、创业融资众筹结合，响应政府号召，创立"互联网新兴金融产业园暨创新孵化基地"，由地方政府（省旅游局）出台相关产业基地配套措施。具体建议如下：

（1）吸引新兴金融企业、金融类投资控股公司、金融顾问机构等。

（2）发挥政府规划功能，改造升级"东方酒肆"葡萄酒文化旅游小镇基础服务配套设施。

（3）加强新型金融企业的市场准入支持。

（4）加大对新兴金融企业的财力支持。

（5）加大对新兴金融企业的政策支持力度。支持符合条件的企业申请各级旅游专项资金、旅游投资基金等。成立相关的协会组织，引入业界龙头企业、第三方评估机构、各级政府旅游部门，联合制定本地标准，探索行业自律、业界自我管理，加强从业人员的职业道德和执业纪律约束，共同探索相关互联网金融领域发展和监管方式。

（二）案例浅析

1. 相关政策相继出台，顺应经济社会发展需求

2017 年中央 1 号文件要求支持有条件的乡村根据当地情况，以农民合作社为载体建设集创意农业、循环农业为一体的田园综合体。对农业产业进行全方位的开发拓展，建设试点示范。这不仅符合国家政策导向，也是对农业资源的产业全面拓展。

随着全域旅游建设与大力开展建设特色小镇工作的落实，各地掀起打造特色小镇的热潮，由绿维创景规划设计与建设的特色小镇成为众多小镇的标杆之作，其巧妙的构思与精细化的设计布局，融合多产业链与模式的新型城镇化路线建设，为形式各异、文化不同的小镇找到了全新的亮点，将传统与现代、开发与保护、居住与旅游有机结合，为各地的特色小镇建设找到了出路，探明了方向，助推经济与建设的快速增长。

2. 多样化融资、经营模式

该项目是基于地产开发，结合了红酒产业和旅游产业的小镇形态，是旅游产业综合化的一种产物。以众筹为发展模式和特色，形成葡萄酒交易中心，集红酒的批发、零售、仓储、展销为一体；形成葡萄酒文化产业聚集区，涵盖葡萄酒文化、葡萄酒博览、葡萄酒学院、葡萄酒展览等多种业态；形成葡萄酒文化小镇创意产业示范区，通过建设设计、景观特色表达等，彰显文化创意的力量；通过"酒币"的设计，形成交易模式的创新互动性体验；以众筹论坛、俱乐部、创新孵化基地，形成"东方酒肆"葡萄酒文化旅游小镇众筹核心区。

3. 定位准确，与当地特色相结合

特色小镇建设其实是对本地乡土文化底蕴的挖掘与延伸，特色小镇所要体现的特色是与本地文化相结合、相融合的一种诉求，而不是刻意的模仿和照搬照抄，更不是简单的一拆代之以高楼大厦，否则也就失去建设特色小镇的初衷。

（来源：绿维创景，北京农学院王兆怡、詹玲慧整理编写）

二、成都龙潭水乡旅游古镇案例分析

（一）项目简介

东西合璧、南北相融、古香古色的建筑，小桥流水的情景，苏州园林式风格……这是在成都中心城区，唯一利用活水资源打造的特色街区。

2013年4月26日，开业仅三天，以"成都清明上河图"和"成都周庄"著称的龙潭水乡，就有约13万的游客涌入。不少小商贩们都感慨生意好到没有功夫统计营业额了。

龙潭水乡由上海裕都集团投资20亿元，在精心设计与建设了4年之后完成，其建筑面积16.1万平方米，位于成都成华区龙潭总部经济城，规模庞大，是龙潭最大的配套项目。按照开发商最初的规划，龙潭水乡是集精品酒店、商务会所、购物、餐饮、休闲、娱乐、旅游为一体的复合业态商业街区。

然而好景不长，成都龙潭水乡在开业运营 4 年后，成为了一座"空城"，最初招商的 50 多户商家几近全部关门。当初专门从华东订制的乌篷船，现在都破烂不堪，散乱堆放在街道上。以传统"家府"命名的标志性酒店、会所均关门闭户，无一开门。曾经的美食一条街只剩几个空落落的小摊，凄清冷僻的街道，栏杆锈蚀斑驳。短短 4 年，昔日繁荣不再，如今冷清至此，再无挽回余地。

（二）案例浅析

1. 工业用地变身"旅游地产"，开发商隐瞒土地违法涉嫌诈骗

龙潭水乡这块地于 2011 年 2 月取得国土使用权证，发证机关为成都市国土资源局，用地为工业用地。2012 年 4 月取得建设用地规划许可证，用地性质为一类工业用地。

但是裕都公司所取得的这块工业用地，拔地而起的却是与工业毫不沾边，集旅游、餐饮、娱乐、休闲为一体的龙潭水乡项目。该公司曾对外解释称"龙潭水乡只是龙潭裕都总部城的配套设施建设"，备受外界质疑。

2. 与商家对簿公堂，开发商纠纷不断，官司缠身

游客远不如预期，加上高企的租金及运营成本，使得入驻商家无力再续约，最终，龙潭水乡开发商裕都公司把部分商家推上了被告席。

2015 年，如梦初醒的部分龙潭水乡租户联名上书，称裕都公司隐瞒土地违法事实，欺骗商家签订商铺租赁合同，但一次次的维权因"无人过问"而以失败告终。

收不回来的租金，渐行渐远的游客，这样的死循环把上游供应链企业也卷入其中。2015 年以来，作为开发商的成都龙潭裕都实业有限公司被卷入的法律纠纷多达 38 起。

3. 策划环节定位不明确

（1）龙潭水乡位于龙潭工业总部基地核心区，有类似刚需的市场支撑，可惜现在该区域还有待发展，龙潭水乡主打的是成都及周边城市的周边游市场，可是现在除了建筑之外，文化上的混乱、业态上的空白。

（2）龙潭水乡号称清明上河图，但现实却看不到任何与之相关的内容，是个赤裸裸的噱头，龙潭水乡真正的文化灵魂并不明确。

（3）龙潭水乡与成都、西蜀、乃至西南联系并不强，没有多少实质内容。

4. 实操环节思路落后，规划失败

（1）操盘人的操作思路还停留在多年前的旅游景区操作的思路上，没有旅游地产和商业地产的思维；操作团队不懂旅游地产或商业地产，没有搞清楚旅

游地产或商业地产的核心。

（2）定位不清、不准、或者说根本没有定位，却只把目光放在建筑规划上。动线混乱，业态规划混乱、招商能力差、运营更无从谈起。缺乏吸引人的亮点、留住人的核心。

（来源：搜狐财经，北京农学院王兆怡、詹玲慧整理编写）

第十五章

农业产业园案例

一、"岠嵎河谷"生态果园案例分析

（一）项目简介

"'岠嵎河谷'生态果园——咱烟台的诺曼底模式果园牧场"项目位于烟台市牟平区文化办事处岠嵎河社区，由烟台岠嵎河农业科技有限公司发起，旨在打造烟台第一个"青山绿水、田园牧歌、生态农业与传统作坊加工相结合"的生态农业项目。

在本次众筹活动中，项目推出生态跑山鸡、苹果和苹果树认领作为众筹的标的物，支持者可以实时了解认领果树的生长情况，并在来年收到认领果树一年的果实。

烟台岠嵎河农业科技有限公司成立于 2014 年 4 月。目前，岠嵎河生态农业规划区内，耕地面积总计 4 000 余亩，加上山峦、林地、沟壑、水面，总计面积 6 000 余亩。公司立足于种养立体结合的总体思路，培育以乔化果园与畜牧养殖相结合的"果园牧场"模式（以法国诺曼底卡尔瓦多斯省"生态果园牧场"为蓝本）。在此基础上，依托"果园牧场"副产品还田，实现有机质的循环利用，最大程度实现经济效益与生态环境效益相结合。依托"果园牧场"的产品，秉承传统工艺，打造以"Farm Style"模式的农产品精深加工，并不断更新工艺，创新发展，满足日益扩张的目标市场的需求。

1. 项目目标

"投资健康农产品，提升生命品质"。本次众筹，发起者烟台岠嵎河科技有限公司希望让有共同理念的投资者接触、认识、理解、支持生态果园项目，并通过支持项目分享回馈产品，让支持者体验生态果园项目的产品，并给予支持和建议。

2. 发起时间

2016 年 12 月 9 日，烟台岠嵎河农业科技有限公司发起此次众筹，项目须在 2017 年 1 月 8 日前筹集 5 000 元才算成功。

3. 众筹计划

（1）支持 108 元。 回馈四季平安果礼盒一份。

（2）支持 168 元。 回馈果园散养跑山鸡一只（白条鸡，净重 3.5 斤以上，下同）。

（3）支持 260 元。 回馈四季平安果礼盒一份，以及散养跑山鸡一只。

（4）支持 500 元。 回馈四季平安果礼盒两盒，以及散养跑山鸡两只。

（5）支持 988 元。 回馈四季平安果礼盒一盒，散养跑山鸡一只。另赠送来年生态果园苹果树一年的所有权（命名权，一棵树 2017 年全年产量，不低于 50 斤，四年树龄。定期微信为支持者推送果树生长情况，并在微信公众号定期公布果园作业的所有信息）。果实在 2017 年 11 月中下旬，按照完熟苹果标准采摘后，免费寄到客户指定地点。另赠送公司自产紫白菜 5 颗（鲜食品种）。

4. 项目结果

项目已成功结束，仅用 3 天，完成 6 049 元的筹资额，达成预定目标的 121%。

（二）案例浅析

1. 产品类型选定成功，大众接受度高

苹果性味温和，果肉含有丰富的碳水化合物、维生素和微量元素，有益于人体健康。因此选择众筹苹果产品，大众接受程度高，众筹产品类型选定成功，其项目成功率自然也就高。

2. 得天独厚的地理环境

公司所在的峿峡河村，东临崳山山脉（属国有风云林场），西临丘陵地带（高程 100 余米），一条小河自南向北流入村北的浩岭水库。这样的地形地貌是标准的河谷地带，符合河谷农业的所有要素。

3. 平台的选择较好

众筹网于 2013 年 2 月正式上线，是中国最具影响力的众筹平台，是网信集团旗下的众筹模式网站，为项目发起者提供募资、投资、孵化、运营一站式综合众筹服务。公司选择在该网上进行生态果园的众筹能够吸引大量投资者，增加众筹成功的机会。

4. 公司理念先进

（1）产业固化。 优质的农产品都有最适宜的产地，在最适宜的产地产出的农产品，具有特殊的"风土"特性，这是其他地区的同类产品所不能替代的。

（2）标准固化。 在产地固化基础上，为了生产出高标准的优质农产品，还

是相关"Farm Style"的加工品，岷峡河谷制定了与之配套的生产和加工标准，并长期遵循。

5. 产品生态有特色并且可监控

(1) 四季平安果。苹果选用基地自产的印度青、红富士、金帅和奶油富士，所有的产品均经过公司的农残检测，符合质量安全标准。

(2) 跑山鸡及其特点。果园放养，生产周期超过八个月，放养时间超过六个月。以果园的杂草嫩叶、草籽、昆虫等为食，并辅以板蓝根等中药材嫩叶添加，提高抗病性，无激素。长时间运动，放养面积达到 200 亩，活动范围大，运动量大，生长缓慢。鸡肉风味独特，肉质细嫩，鲜香味浓郁，富有浓厚的野味特点。

（来源：众筹网，北京农学院李阳整理编写）

二、良口镇生态农业旅游项目众筹案例分析

（一）项目简介

良口镇位于广府文化与客家文化的交汇处，两大文化在这里碰撞，相得益彰，成为旅游开发的重要载体。良口镇生态农业旅游项目，在乡村聚落文化的背景下凸显了广府大房的优雅和客家民居的气质；饮食文化、农业生态文化、风俗习俗充分展现了这片远离城市喧嚣的"僻静天堂"的特色。

近年来，良口镇以生态农业为基础，以市场为导向，运用生态学原理，生态经济学和系统工程学，以科技为依托，围绕经济利益，开发出高产、高效、低耗、无污染、无污染的花卉、水果、蔬菜和畜产品。建设了集餐饮、娱乐、钓鱼、休闲于一体的多功能休闲公园。休闲园区规划结构为：休闲货柜客栈区、水果采摘区、观光作物区、DIY 农场亲子乐园区、特色狩猎区等。运用现代营销手段积极发展旅游采摘业。

1. 项目目标

从化市是一个旅游城市，历史文化景观和美丽的城市景观吸引了大量游客。随着假期数量的增加，城市居民对休闲旅游的兴趣也在增长。倡导回归自然，回归农家乐，度假休闲旅游，在郊区建立现代农业生态模式，大力发展生态旅游。不仅可以为从化市提供新的旅游项目，而且还可以增加农民收入，实现经济社会全面发展和进步。

2. 盈利模式

（1）收取年度服务费 3 万～5 万元/人。年营业额 300 万～500 万元。

（2）由良口镇生态农业旅游项目，农产品销售所得。

（3）生态农业园旅游观光、狩猎、采摘等所得。

（4）DIY农场出租所得。

（5）休闲货柜客栈出租所得。

3. 众筹计划

（1）对象条件：成功人士或奋斗人士。

（2）合伙人数：100人。

（3）参与方式：认筹原始股份。

（4）认筹标准：3万元/股。

（5）认筹规模：100股，共占比50%。

4. 回报方式

（1）成为良口生态农业产业园股东。

（2）尊享良口生态农业产业园DIY农场亲子乐园区免费使用权。

（3）尊享良口生态农业产业园休闲货柜客栈免费使用权。

（4）尊享良口生态农业产业园特色水果蔬菜采摘区免费使用权。

（5）尊享良口生态农业产业园特色狩猎区免费使用权。

（6）尊享良口生态农业产业园烧烤区免费使用权。

（7）尊享良口生态农业产业园垂钓区免费使用权。

（8）尊享由良口生态农业产业园为股东配送的生态农产品。

（二）案例分析

1. 得天独厚的自身旅游资源

（1）从化温泉。从化温泉又名流溪河温泉位于广州市从化区西北良口镇内，距广州市75公里，这里气候宜人，四面山峦重叠，环境幽静，是旅游和疗养胜地。

从化温泉风景区总面积20多平方公里，分为河东岸和河西岸两部分。碧波桥横跨流溪河，连接两岸。河的东岸是一个温泉区，连绵起伏的丘陵，绿树成荫，风景如画，空气清新，还有露台、小亭和走廊。该地区的环境优雅，给人一种安静的美感。在这里，各种各样的李子、荔枝、松树、木兰等无处不在，到处都是绿色的竹子。河西岸有一个天湖旅游区，以森林、湖泊、瀑布和野生动物而闻名。区内有20多栋别墅，建筑面积6万平方米，民族特色鲜明。景点有：襄汾瀑布、飞虹瀑布、百丈涛瀑布、聚贤亭、玉宇亭、湖心亭；还有射击设施、鹿场、养熊场、猴子山、烧烤炉、湖上游船和其他游乐设施。

（2）流溪河国家森林公园。流溪河国家森林公园位于从化区北部，与凉口镇相连，拥有丰富的动植物资源，公园内有数百亩的茶园，数千亩的梅花园，上万亩的竹园和梅谢茶香。在公园的深林中，还有种类繁多的野生动物。

2. 游客成为投资人，提供了项目持续发展资金

在良口镇现有生态农业旅游目的地注入众筹的融资新模式，吸引游客加入众筹项目成为投资者，既是游客对旅游地本身认可度的表达，也是生态旅游创新升级的新方法。在生态旅游中，项目的持续投资是保证项目自身发展、增强竞争力的关键。

3. 传统旅游区向专业化、集约化、高效化的农业产业园转变

随着人们的消费观念、生活品质的提升，初级的乡村观光旅游产品已经不能满足市场需求，需要进一步提升，不仅需要更加丰富的休闲度假产品，更需要不断完善的基础设施和优质服务。通过众筹方式投资优质生态旅游项目，将促进农业产业园的进一步发展。

（来源：众筹网，北京农学院李阳整理编写）

第十六章

农业食品加工案例

一、德广众筹葡萄酒案例分析

(一) 项目简介

1. 发起人背景

现在提到葡萄酒，大家都会想到一些外来品牌，其实在酒文化的历史长河中，中国葡萄酒的地位不可或缺。实际上，在汉代中国就有葡萄酒的酿造工艺。汉武帝"在离宫别馆尽种之"。三国时期魏文帝曹丕大力提倡葡萄酒：甘而不饴，酸而不酢，冷而不寒，善醉而易醒。魏晋南北朝时葡萄酒有了很大发展。唐贞观十四年，唐灭高昌（今新疆吐鲁番），得马奶葡萄，并得其酒法，太宗亲督酿造葡萄酒，在朝廷祭祀和宴饮中盛极一时。长安西市和城东曲江，有葡萄酒店，文人常常到此聚会。元朝受到欧洲葡萄酒文化的影响而大行其道。意大利旅行家马可·波罗曾记述"太原有许多好葡萄园，酿造很好的葡萄酒"。尽管如此，中国农耕文明及社会历史的发展特点，一直是以粮食为原料的烈性白酒、黄酒为饮料酒主体。葡萄酒的生产始终停留在小手工、小作坊生产形式。以欧洲葡萄为原料的葡萄酒在黄土高原以西地区盛行。近代以来中国政治、经济、文化的中心东移，西部经济的滞后，无疑也是葡萄酒发展缓慢下来的不可忽视的因素。东部地区葡萄生长季的雨热同季，也是我国东部葡萄和葡萄酒发展的重要限制因素。

近年来随着人们对葡萄酒关注增加，市场上一些商品葡萄酒的品质堪忧。而一些所谓的进口葡萄酒，要么价格高不可及，要么是用国外的低端产品换上漂亮的包装，谋取国内高额利润。

刘德广联合陕西金黎明实业有限公司，在 2015 年金秋为众筹朋友订制500 瓶高端赤霞珠干红葡萄酒，使更多的朋友有机会喝上真正纯汁的高品质赤霞珠干红葡萄酒。

大家都知道，葡萄一年只有一季成熟，只有好的葡萄才能酿出好的葡萄酒。而每个酿酒葡萄产区，各年气候情况不完全相同，这对葡萄原料质量有着极大影响。也就是说，一个地区不可能保证每年所出产的葡萄都是高水平酿酒原料。这样也就无法保证每年都能产出高品质的葡萄酒。经过多年的酿造实践发现，我国宁夏吴忠地区和河北怀来地区产出的酿酒葡萄具有较高的质量，能够酿造出高档的干红葡萄酒。因此酒厂与宁夏吴忠及河北怀来地区的酿酒葡萄种植户及当地葡萄庄园都保持着良好的供货关系。每年在葡萄生长期和成熟期都会去基地现场，查看葡萄生长情况、测葡萄的含糖量、酸度、农药残留以及品尝葡萄的风味形成。保证德广葡萄酒每年采购的原料都是最好品质，从源头保证每年酿造出葡萄酒的品质。

宁夏贺兰山下的酒庄葡萄园，土质均为沙壤土，气候干燥少雨，采用滴灌模式浇水，使得葡萄果实甘甜，很少出现病虫害，也就基本不用打农药。在采摘前2个月全部停止使用农药（农药的降解时间一般为15天），并停止浇水，利用昼夜20℃以上的温差自然条件，充分提高葡萄的糖分和累积丰富的风味物质。强烈的温差使得葡萄的糖分能够达到24％以上，是别的地区所不具备的天然条件。同时，该地区全年累计积温在3 300℃以上，保证了每粒葡萄都充分享受阳光的照射，使得葡萄的果皮很厚，颗粒颜色浓重。葡萄树龄越大，根系越深，所吸收的深层矿物质越多，接出的葡萄味道越好，也就越能酿出风味足的葡萄酒。

德广葡萄酒采取纯手工＋传统专业酿制工艺的形式。葡萄人工从田间采摘后，再进行人工分拣。分拣出来成熟度不够的葡萄、霉果、青果、烂果、杂质、虫子、葡萄枝叶等，这是保证酿出一瓶好酒不可缺少的关键步骤。接下来用专业的设备测量葡萄汁初始比重，掌握原料的基础数据，并在酿制的全程进行测量，使葡萄汁每天的变化都能全程掌控。初酒形成后，还会将它们放进法国橡木桶，在酒窖内陈储，进一步提升它们的品质。

2. 众筹计划

（1）支持198元。

①得到2015年订制珍藏版赤霞珠干红葡萄酒1瓶。

②免费快递到您府上。

（2）支持1 188元。

①得到2015年订制珍藏版赤霞珠干红葡萄酒6瓶。

②为您设计个性酒标。

③配送专业2只装礼品手提袋3个。

④免费快递到您府上。

（3）支持5 940元。

①得到2015年订制珍藏版赤霞珠干红葡萄酒30瓶。

②为您和您朋友设计个性酒标。配送专业礼品手提袋 15 个。

③获得 VIP 会员资格。

④免费快递到您府上。

（4）支持 11 880 元。

①得到 2015 年订制珍藏版赤霞珠干红葡萄酒 60 瓶。

②获订制酒标或给朋友定制酒标。

③获得精美启瓶器套盒 1 套。

④获得 VIP 会员资格；尊享 50 升专属命名的法国橡木桶 1 只（使用期限 5 年）。

⑤免费快递到您府上。

（5）支持 23 760 元。

①得到 2015 年订制珍藏版赤霞珠干红葡萄酒 120 瓶。

②获订制酒标或给朋友定制酒标。

③获得精美启瓶器套盒 2 套。

④获得 VIP 会员资格；尊享 50 升专属命名的法国橡木桶 2 只（使用期限 5 年）。

⑤免费快递到您府上。

3. 众筹结果

项目已成功结束。共完成 100 884 元的筹资额，达成预定目标的 102%，获得 36 人支持。

（二）案例浅析

1. 葡萄酒参加国内外大赛，产品质量好，知名度高

参赛获奖专家评语：颜色黑红色，正常。果香中有青椒、巧克力、黑醋栗、回香、烟熏味。香气浓郁。味道较厚重，单宁柔顺，余味稍长。平衡好。还需存放。优质葡萄酒特征较明显。酿造方法正确，但要注意发酵各个环节的检测，正确控制发酵时间。存储上要注意低温保存。

2. 发起人形象、产品口碑好

公司创始人刘德广，为人宽厚，性温和醇厚，待人朴实，先闻其名，德广当行，后品其酒，酒如其人，人酒合一，是值得信赖的厚道人。德广，全名刘德广，60 后，网名"快乐的兔子"，网上的朋友都叫他"兔子"，熟悉的朋友叫他"德广"。原从事房地产造价管理工作，不经意间，竟然迷恋上了葡萄酒，9 年来全部的业余时间用于葡萄酒和各类果酒的酿造研究。德广有句话：要做就做到最好。本着这个信念，德广的酒每年都在不断进步。他的葡萄酒多次参加全国比赛获奖，获得圈内朋友好评。

（来源：众筹网，北京农学院李阳整理编写）

二、高油烤鸭蛋众筹案例分析

（一）项目简介

1. 项目概述

"高油鸭蛋，diss 你吃过的所有蛋"。这是石家庄邦备农业科技有限公司一则众筹项目的标语。作为非物质文化遗产，侠之翼蛋鸭生长在西柏坡岗南水库一级水源保护区，侠之翼烤鸭蛋是西柏坡家喻户晓的著名特产。早在明朝永乐年间，被称为平山母亲河的滹沱河流域就养殖着大量的麻鸭，一类饮用水水源地岗南水库的建设，更是为麻鸭提供了一个纯净的绿色家园。好水出好鸭，好鸭生好蛋，烤咸鸭蛋又称为五香咸鸭蛋，和普通咸鸭蛋相比具有蛋白质含量高、脂肪低、没有腥味等特点。侠之翼烤鸭蛋，高油焦香，柔软起沙，口感独特，营养丰富。它对腌制技术进行创新和升级，选蛋、腌制、冷冻、煮熟、红茶烤制、杀菌、真空装袋、环环相扣，精益求精，是平山县革命圣地西柏坡著名的特产美食。

平山革命老区，是新中国序幕拉开的地方，也是中国共产党指挥了解放中国三大战役的地方。在这里，新的一场战斗也在进行当中，通过经济的发展，争取全县整体脱贫。为了让平山革命老区的人们增加收入，让更多的人认识平山美味，并传承下去，发起者将平山革命老区的原汁原味的特产搬上众筹。众筹资金用途主要为三大部分：70%用于养殖成本与制作加工成本，20%用于帮助鸭农学习先进养殖技术与网络宣传等，剩余10%则用于支付物流、精准扶贫费用。

2. 项目回报方式

（1）支持1元：满29位抽取1位幸运用户，获得1箱烤鸭蛋。

（2）支持36元：获得20枚实惠装烤鸭蛋1箱和鸭蛋勺1件。

（3）支持46元：获得30枚实惠装烤鸭蛋1箱和鸭蛋勺1件。

（4）支持39元：获得20枚真空装烤鸭蛋1箱和鸭蛋勺2件。

（5）支持68元：获得30枚真空装烤鸭蛋1箱和鸭蛋勺2件。

（6）支持390元：获得200枚真空装烤鸭蛋10箱和鸭蛋勺2件。

3. 项目结果

烤鸭蛋众筹发布后，反响热烈，在24小时内即顺利成功，上架两天，众筹进度完成近300%，截止日进度已经直接到达4 240%，4 842名支持者。话题模块中，发起者和用户积极互动，形成很好的众筹氛围。邦备农业科技根据实际进展，开启提前发货模式，在保证质量的同时，让用户得到更好的体验，不断推出高端礼盒包装和精美礼品，获得了更多的关注和支持。

（二）案例浅析

首先，烤鸭蛋众筹发起者的预计众筹金额为 5 000 元，小型的众筹很容易成功。烤咸鸭蛋与以往的咸鸭蛋只有一字之差，有了这样一个好的创意，人们会非常感兴趣。提起了人们的兴趣，人们就愿意去了解这样的新鲜事物。

一枚有故事的烤鸭蛋，去除了腥味，用适度的咸搭配烤制的焦香味。广告词里加入了这种产品的特质。蛋黄油多，突出了烤鸭蛋的特点。以非物质文化遗产的标题，打造了品牌效应。

低脂肪、高蛋白、无腥味。这个众筹抓住了人们现在对健康饮食的关注。另外，增加平山革命老区人们的收入，同时传承平山美味，让人们产生了公益消费的心理。

（来源：京东众筹平台，北京农学院王兆怡、詹玲慧整理编写）

第十七章

股权型众筹案例

一、小六石村打造"乡村迪士尼"案例分析

（一）项目简介

1. 项目概述

位于浙江省义乌市的龙溪，穿过古月桥进入佛堂镇境内后，溪流突然来了一个 90 度的"急转弯"，在这里，孕育了小六石村。小六石村不大，走完一圈也不过 10 分钟。村边建有一座石桥太平桥，是义乌市级文物保护单位。小村只有 100 多户人家，280 多人，这里曾经是远近闻名的穷村、落后村。小六石村因为地理位置较偏僻，经济情况一直不太好。村庄小土地少，村侧有一座石矿，石材好，村里人便练就了打石头的好手艺。

据小六石村委会主任楼献春介绍，义乌的许多古桥都是由小六石村民打造，佛堂老街上一些石头建筑也是出自小六石村民之手。当时，很多人甚至去往江西、安徽等地打石头，到村里寻找打石匠的人也络绎不绝，可谓名声在外。不过，打石匠是个很辛苦的行当，现在村里干这行的人不多了，那些留下来的石桥、石头房子，甚至水泥房里嵌套着的石头门套，都是时代的印记。

两年前，村里年轻的领导班子开始思考，寻求村庄的改变和发展之路——"网红村"就这样诞生了。

2. 无中生有的智慧："没有卖点，那就制造卖点"

虽然小六石村的经济和自然条件不好，但年轻的村领导班子思路活，敢于创新。小六石村没有很多文化遗迹，无法利用现有的资源进行开发，只能自己创造条件。经过讨论，村"两委"决定以吸引小孩子展开了创意。

当时，国内已有几处玻璃栈桥，村"两委"就四处考察，并结合小六石村的实际情况，产生了在卧虎山建造玻璃栈桥的构想，并邀请浙江大学专业设计团队进行了设计规划。同时，村里开始酝酿"梦幻小六石"项目。之所以取这个名字，是因为想在亲子游方向发展乡村旅游，把小六石村打造成一个儿童

乐园。

有了方向目标，还要有资金，"梦幻小六石"项目就开启了众筹。一期启动资金共 400 万元，分为 800 股，每股 5 000 元。结果三天就筹齐了 400 万元，村民们都很积极，众筹的速度远远超出了几位发起人的设想。400 万元的背后，是全村 70%家庭的参股。大家的热情和信心，让项目迅速展开起来。

玻璃栈桥首先开工，半年时间便建造完毕，试营业期间人气爆棚。不到两个月，村里就准备拿出 120 万元，给村民们进行第一期分红。当初自愿入股公司的 60 位村民，依据持股数量，拿到了数千元至数十万元不等的现金，而这距离公司正式开业仅仅过去了两个月。

小六石村的玻璃栈桥建成以后，并没有进行大规模的宣传。村里找人编了一条微信，重点描写了玻璃栈桥的特色，精心拍了些照片，村民们在朋友圈中转发，没想到效果竟特别好。

小六石村在微信朋友圈走红后，不少人都慕名而来。玻璃栈桥开放的第二天，赶来游览的市民就络绎不绝，车子排起了长龙。游客们在朋友圈发了小六石村玻璃栈道的图片和消息，来的人也就更多了。就这样，小六石村变成了名副其实的"网红村"。

到小六石村走走，除了远远就能望见的玻璃栈桥，似乎处处都有惊喜。进入村子，马上就被房子、围墙上各种卡通立体画吸引，这些画都是村里的孩子们挑的，他们喜欢什么，村里就安排画什么。村里几乎每幢房子的外立面都进行了装饰，走一圈，好像走进了一个童话世界。

村边也是童趣十足。打石匠们用传统手艺打造了巨大的象棋盘。象棋盘挨着龙溪，龙溪上有许多有趣的水上项目。龙溪边是免费沙滩，孩子们在这里能玩上一整天。超级玛丽广场的塑胶场地上画满了可爱的玛丽兄弟，孩子们在这里跑跳打滚都可以，鲜艳的色彩让人舍不得离开，可以说是乡村版的迪士尼。

此外，小六石村还有攀岩、高空滑索、丛林穿越、呐喊喷泉等项目正在建设，令人十分期待。据了解，村里还要建设一条特色美食街，把各种特色小吃、美食引入，统一规划管理，既好玩又好吃。这样的小六石村，着实令人期待。

3. 平凡村庄的传奇："最大的改变，在于精气神"

小六石村的玻璃栈桥开放后，"梦幻小六石"项目也紧锣密鼓地进行。村里发生了很大的变化，不仅是村容村貌，还有村民的生活和精气神。

楼全福是小六石村的名人，他有一身"脚踩鸡蛋""穿针提水"的绝技，一年到头总会接到许多表演邀请。

现在楼全福没有外出表演，因为村里的玻璃栈桥带来的旅游热，在家门口就忙不停了。楼全福负责玻璃栈桥秩序维护，楼全福的妻子在玻璃栈桥负责检票，原本在义乌城区打工的儿子和儿媳在村里开了一家面馆，生意好的时候一天就能赚几千元钱。楼全福算了算，"梦幻小六石"项目开展后，自家的收入至少比以前翻了七八番。更重要的是，不用出远门赚钱，并且做的都是建设村庄的事，干起来也特别带劲。

过去的小六石村，冷冷清清，找不到几个年轻人。可如今春节过后，酷爱户外运动的 80 后村民朱国强，就带着几名年龄相仿的合伙人来到村中，开起了童趣十足的熊谷餐厅，还启动了攀岩、高空滑索等探险项目建设。不少长期在外打工的年轻人纷纷返乡，在家门口找到了收入可观的工作。

过去的小六石村，为争取一笔项目投资，常常踏破铁鞋，磨破嘴皮子，却无济于事。可现在，不管是本村乡贤，还是外村投资人，都瞄准了这里，主动找到村"两委"洽谈合作事宜。56 岁的乡贤朱友土，带着投资额高达千万元的旅游项目回到村中，要打造一个占地 50 亩的生态主题公园，并开办集石艺、石刻等手工艺为主题的创意工坊，进一步提升村庄文化品位。

过去的小六石村，村民对村庄并不关心，也不关注这里的未来。而如今，就连一些曾长期闲在家的村民，每天的"行程"也排得满满当当：要么应聘到村里的旅游公司，帮忙收取门票或维持秩序；要么摆个小摊，向游客出售冷饮、副食或者特色农产品；要么与村干部谈谈最新的发现，主动参与村庄的建设。

通过村"两委"班子的努力，小六石村发生了天翻地覆的变化，现为义乌市农村卫生环境十佳村、义乌市最具潜力美丽村落、义乌市生态村、义乌市石艺文化特色村，乡村旅游呈现蓬勃发展的势头。

（二）案例浅析

1. 政策全方位支持

目前，政府出台一系列政策措施，全方位支持田园综合体建设，向公众传达利好消息，发展空间很大。田园综合体刚刚起步，正处于探索阶段，小六石村适时抓住机遇，依托有利的政策条件以及本村特有的地理优势和人文环境，创造了"无中生有"、事在人为的奇迹。

2. 打造亲子文化

亲子农业营造了家庭体验乡村文化与劳作的氛围，为享受田园生活提供了途径。亲子农业旅游的发展是在农业生产经营量化的基础之上，尽量还原真实的农业生产劳作，使得乡村旅游具有原汁原味的特色，增强了对前来体验客户的吸引力。小六石村通过打造"乡村迪士尼"，完美结合了当地农业生产，成功吸引了愿意带孩子来体验乡村生活的游客。

3. 领导班子精诚团结，村民积极配合

小六石村的领导班子是一个精诚团结、有战斗力，想做事、能做事、能成事的领导班子。他们勇于探索，敢于尝试新鲜事物，有创意，有激情，成就了小六石村的辉煌。同时，他们懂得如何调动村民的积极性，鼓励和动员村民共同创业。在村民们的积极配合下，小六石村以众筹的方式让村民成为股民，让村集体和村民共同受益。

（来源：微信朋友圈，北京农学院王兆怡、詹玲慧整理编写）

二、3W 咖啡——会籍式众筹案例分析

（一）项目简介

1. 项目概述

许单单从互联网分析师成功地变成了著名创投平台 3W 咖啡的创始人。

3W 咖啡通过每人 10 股向社会各界人士募集基金而创建的，是一种通过众筹模式而成立的咖啡厅，每股 6 000 元，相当于每人 6 万元。

当时微博十分流行，有很多投资者会经常登录浏览微博，对微博有一定热度。当时，许单单就是看中微博的社交功能，在微博上招募初始股东。6 万元的资金与将来股东分红的多少，对于很多有成就的人并不是很重要，他们看中的是通过成为咖啡馆的股东，结交更多的有识之士，并进行业务上的沟通与交流。所以 3W 咖啡很快就云集了很多知名人士，其中不乏知名投资人、创业者、高管，他们以 3W 咖啡为载体，不断扩大社交领域，塑造孵化器，传递创业智慧的运营模式逐渐形成。创始人许单单成功演绎了众筹模式的实行，不仅建设了一个跨界品牌，也开拓了咖啡馆行业的创新，

之后，3W 咖啡出现在了很多城市。3W 并不是所有有 6 万资金人都可以参与的，其对股东本身有一定的要求与标准。3W 的定位是互联网创业的投资的顶级圈，投资人的目的是进入这个圈子和吸取更多人脉。比如，可以在 3W 中结识到比较优秀的合作伙伴，他所拥有的项目或者资源，其所获得的收益远远不止 6 万元。此外，一个创业者在 3W 中认识的创业者和投资者，不仅具有人脉价值也具有学习价值，其所具有的智慧与带来的潜在效益极其巨大。

2. 众筹结果

2015 年 4 月 2 日，国内首家众筹咖啡馆——3W 咖啡，获京东领投的数千万 A 轮融资，东方弘道和清华控股跟投。

3W 咖啡在 2010 年成立，是由许单单、马德龙、鲍艾乐通过众筹模式发

起的，赢得了 180 名互联网投资大咖们的启动资金，并在 2013 年 8 月获得由东方弘道和徐小平等人共同投资的数百万天使投资。

（二）案例浅析

虽然众筹模式存在很多不确定性和风险，但是 3W 咖啡依旧众筹成功了。其成功的关键是建立中国特色的众筹模式，优先建立运营规则，在信任度不够的情况下，基于人脉圈慢慢拓展开来。

其次是基于名人和人际圈子的相互帮助与吸引，就会吸引更多优秀的人加入。3W 咖啡一开始是沈南鹏、徐小平的加入，就吸引了优秀互联网创业者，而互联网创业者的加入也就吸引了更多投资者的加入。所以，3W 的众筹基于这种强连接或者朋友圈扩散开来。信任在筹资期是必不可缺少的。

除此之外，就是股东的汇报价值。3W 咖啡跟其他形态的筹资一样，都承诺了股东的价值回报，但是加入的股东都知道其所获得价值回报并不在于 6 万股本获得的分红，而是圈子人脉智慧的价值回报。3W 的创新在于以一个圈子，以一个智慧团体作为价值回报。

像 3W 这种众筹股权的方式也可以定义为会籍式的众筹，在 2014 年，这种众筹方式在创业咖啡的潮流中大受追捧。会籍式的众筹适用于同一圈子的人，有共同的目标或者想达成的事业，这种众筹方式在英国的 Mint Club 俱乐部也发挥得淋漓尽致。俱乐部设立了很多加入门槛，其有很多明星股东，但是因为加入条件苛刻还拒绝过著名球星贝克汉姆，拒绝理由是贝克汉姆因踢球常住西班牙，不在英国不符合加入标准。后来，Mint 紧随国际发展，在上海也建立了新的俱乐部，吸引了上海 500 多个富豪的加入，但是其会员主要为外国人。

一个咖啡厅、酒吧或者一个餐厅、美容院的开始，都可以用会籍式众筹模式来启动。在圈子文化盛行的今天，加上各个服务行业的服务质量与信用堪忧，所以通过众筹方式吸引圈子里的人都有一定客户资源。这种众筹方式除了获取资源人脉、筹措资金的功能外，还可以获得一批忠实客户和信任，而投资人也可以在不需经营的前提下拥有自己的会所、餐厅、美容院等，不仅可以赚钱，还可以拥有更高的社会地位。

（来源：微博，北京农学院王兆怡、詹玲慧整理编写）

第十八章

权益型农业众筹案例

一、买好蜜　助农户案例分析

(一) 项目简介

1. 发起人

发起人是甘肃文县石鸡坝乡张家沟村党支部挂职第一书记小杨。希望通过众筹活动，把这个美丽的乡村介绍给大家，让好吃的土蜂蜜走出深山，让蜂农卖上一份好价钱，没有后顾之忧，也让大家尝到真正土蜂蜜的味道。

2. 项目背景

文县地处西秦岭山脉，全境为中高山地和河谷川地地貌类型。河谷川地海拔从罐子河的 550 米到县城的 946 米再到中寨乡新寨村的 1 600 米，地势显阶梯式立体结构，沟谷与山顶高差常在 1 000 米以上，山坡坡度在 40°以上，局部地区达 80°左右，形成悬崖峭壁。多数山岭海拔在 2 700 米以上，山沟长 10~50 公里。高山重叠，峰谷交错，沟壑纵横，谷地狭窄，超度陡峻，水流湍急。"山上雪花飞舞，山下桃红柳绿"是文县地形的真实写照。

党参蜂蜜质地黏稠细腻，营养也十分丰富，是蜂蜜中的佳品，非常适合体虚、贫血、胃冷者食用，是长期的保健品。

党参为桔梗科多年生草本植物，野生的多为辅助蜜源，栽培的数量多、分布集中，才能成为主要蜜源。党参根入药，有补脾胃、益气血之效。文县素有"纹党之乡"美誉，张家沟就位于文县石鸡坝乡，是该乡最偏远的山村之一，这里交通不便，但青山绿水，遍地鲜花，自然环境非常好。纹党具有独到的养生价值与药用价值，是极好的滋补品，以纹党花花蜜为主要原料的土蜂蜜也拥有独特价值，是蜜中精品。这里的蜜蜂深藏大山，蜂种只要土蜂，蜂箱全都靠近纹党种植地。土蜂蜜经过漫长时间的酿造才能得来，村里的蜂蜜一年仅取一次蜜，产量稀少，保留了土蜂蜜最原始的味道，是真正的深山土蜂蜜。土蜂蜜没有任何掺假，色好味浓，是完全纯净无添加的土蜂蜜。

但是村里的交通不便，通信不发达，蜂农的蜂蜜面临着滞销，无法给蜂农带来很好的收入。希望能通过众筹网这个平台，帮助村里的蜂农把土蜂蜜卖出去，让百姓致富。也让更多的人知道藏在深山中的优质陇南特色农产品，让大家买到好食材，品到好味道。

3. 项目计划

（1）支持 5 元。 每 15 人中抽取 1 名支持者，送价值 88 元的土蜂蜜 500 克＋本村的花椒 50 克。

（2）支持 79 元。 价值 88 元的土蜂蜜 500 克，价值 15 元一瓶的文县"阴平古道"咂杆酒（300 克）

（3）支持 139 元。 价值 176 元的土蜂蜜 500 克，价值 15 元一瓶的文县"阴平古道"咂杆酒（300 克），另外赠送本村的花椒 50 克。

4. 项目结果

本次众筹目标筹资 1 000 元，获得筹资 1 758 元，共 38 人支持，其中支持 5 元为 22 人；支持 79 元为 3 人；支持 139 元为 10 人。共完成项目总额的 176%，本次众筹圆满成功。

（二）案例浅析

1. 发起人背景介绍详细，增加可信度

通过实证分析的结果显示：项目投资者通常根据项目发起人的背景，从各个方面考虑项目的可实现性。由于投资通常具有风险，这导致大多数人缺乏信任，项目融资失败。项目发起人应向投资者详细介绍其背景，以便投资者尽可能了解自己。因此，项目发起人应在项目简介中详细介绍情况，以便取得投资者的信任。

2. 众筹项目具有较高的产品价值

项目产品具有较高的产品价值，以吸引更多的投资者参与投资。首先，项目发起人应明确界定其产品的价值，并展示项目的创造力。因为互联网众筹的核心是创造力，若产品可以在任何地方购买，根本不需要投资。其次，项目的回报类型越多，相应投资额的节点就越多，一方面，筹资者获得了广泛的投资；另一方面，投资者可以根据自己的经济实力选择投资。

（来源：众筹网，北京农学院李阳整理编写）

二、武汉生态高效乌鳢养殖案例分析

(一) 项目简介

1. 项目筹资人

筹资人是武汉人，2007 年毕业于武汉某高校数学与应用数学专业，当年顺利考上上海某高校交通运输规划与管理硕士研究生，2010 年 3 月硕士顺利毕业。2011 年到深圳某城市规划设计院工作，主要做产业规划咨询、项目投资咨询等。操盘过很多农业投资项目。

2. 项目具体实施

(1) 为什么养殖乌鳢。

①乌鳢市场需求大，具体体现在三个方面：黑鱼骨刺少，含肉率高，深受消费者喜爱；营养丰富，所含的蛋白质高；较高的药用价值：有去瘀生新、滋补调养等功效。

②养殖利润高，每亩产值可以达到 40 000 元，利润可达 20 000 元。

(2) 怎样养殖乌鳢。

①生态养殖：坚持鲜活小鱼喂养，绝不使用配合饲料（这样可以保证成鱼营养及药用价值更高）。

②高效养殖：放养密度每亩 3 000～6 000 条，亩产 5 000 斤，每亩产值 40 000 元。

③订单养殖：通过线上众筹、微信营销、与下游酒店合作等方式创造订单，实现订单养殖。

④业态多元化经营：打造一个集农家乐、垂钓、休闲度假、农业体验等功能于一体的生态休闲农庄。

(3) 为什么需要您的支持。

①通过这次众筹，为您的餐桌提供生态的、营养价值高的纯正乌鳢。

②通过这次众筹，让更多的年轻人认识生态健康水产养殖。

③我们将把您的支持转化为可复制、能推广的生态高效水产养殖模式。

④通过本次众筹，与更多的新农人交流，带动更多的人参与生态健康农业。

(4) 本次资金的用途。

①乌鳢鱼苗购进。

②鱼塘租赁。

③消杀及防逃物资购进。

④工人劳务支出。

（5）承诺与回报。

①售出的乌鳢保证鲜活（限东部地区、华南地区、中部地区及目前高铁通达的地区）。

②用心做好本轮生态高效乌鳢养殖，努力做成全国示范生态水产养殖项目。

③项目筹资成功后，投资者自动成为会员，获得武汉 28 生态农场种植（养殖）的生态农产品优惠。

④全年不限次免费畅游 28 生态农场，外地部分参与众筹者可报销火车票。

⑤由于本项目回报期为一年，为保证支持者权益，将与每位支持者签署一份众筹网认可的投资协议，以确保支持者获取应有的回报，并明确筹资方相应的责任义务与风险。

3. 项目结果

目标筹资 15 000 元，众筹结束时筹得 629 元，众筹率达到 1%，本次众筹以失败告终。

（二）案例浅析

1. 发起人本身不具备足够的经验

通过了解发起人背景可以得知，首先，项目发起人并不具有足够的水产养殖经验，难以保证项目的顺利实施，为项目本身的运营带来了风险。其次，作为发起人的自身形象树立存在问题，众筹项目更多时候需要一个资深专家，而不是一个充满热情的创业者，这并不能让项目投资人产生信任感。

2. 乌鳢在武汉养殖的可行性存在问题

湖北的乌鳢养殖不多。乌鳢殖的主要区域分布在广东、浙江、山东微山湖等三个地区，华中地区也在兴起乌鳢养殖。广东、浙江、山东微山湖地区乌鳢养殖品种略有不同。山东微山湖地区养殖的乌鳢质量很高，乌鳢多半是在野生状态下饲养的，而广东、浙江地区的乌鳢，多半是人工添加饲料喂养的。微山湖地区的乌鳢一年最多长一斤，而广东、浙江地区的乌鳢，一年后可以长到 2 斤半。目前，乌鳢的养殖区域已经大致定型，而武汉并未兴起乌鳢养殖。

3. 自身定位不明确，对市场的目标人群没有很好把控

由于发起者自身的定位并不明确，因而在项目的承诺与回报中并没有进行详细的定位，导致众筹参与者无法对该项目的回报程度做出衡量。此外，发起人并没有对乌鳢目前的详细经营状况做出介绍，仅做了部分煽动性的描述，让众筹参与者对项目的风险无法做出衡量。

（来源：众筹第三方，北京农学院王兆怡整理编写）

第十九章

公益型农业众筹案例

一、10 元种棵爱心树众筹案例分析

（一）项目简介

1. 发起人背景

发起人是鄂州市志愿者协会。鄂州市志愿者协会是在市民政局登记注册成立的社会团体，由共青团鄂州市委指导其工作业务的开展。为保护梁子湖生态环境，助力全市生态文明建设，鄂州市志愿者协会组织招募成立了鄂州市保护梁子湖志愿服务队，在梁子湖沿线积极开展植树造林、环保宣传等绿色公益活动。

2. 项目背景

梁子湖，又叫做"娘子湖"，是鄂州人的母亲湖。喝梁湖水，捕梁湖鱼，采梁湖藕，养育了一代又一代鄂州人。梁子湖烟波浩渺，水质澄清，面积 42 万亩，是全国十大名湖之一，湖北省第二大淡水湖。湖内动植物资源丰富多彩，有脊椎动物 280 多种，水生高等植物 282 种，是"水中大熊猫"桃花水母的栖息地，驰名中外的武昌鱼的原产地，被誉为化石型湖泊和物种基因库，具有独特的生态价值，是湖北乃至全国的一个十分珍贵的湖泊湿地资源。

长期以来，由于生存和发展的需要，人类不停地向母亲湖索要资源。从 1958 年开始，鄂州人开始筑南塘口，堵夏家沟和东沟口，隔断了梁子湖和鸭儿湖、保安湖（含三山湖）的通路，实现三湖分割，以利垦殖。由此，诞生了长港农场等一批大型粮仓、渔场。随着梁子湖流域人口的不断增加，产业发展和城镇化建设的快速推进，加之一些保护措施跟不上，梁子湖水面面积不断缩小，水质污染态势不容乐观，水系中的珍稀水生物数量也迅速减少。

近年来，梁子湖区以"一心两翼"（保护梁子湖为核心，以梧桐湖新区和涂家垴镇生态文明先行区为南北两翼）为重点，坚持把"呵护一湖清水"作为历史责任，大力推进污染防治和生态保护，开创性实施"四全"工程，即全面

退出一般性工业、垃圾全外运、污水全处理、"三边"全绿化，生态环境保护工作取得明显成效。

2015年，鄂州市政府先后下发了《梁子湖（鄂州）生态文明示范区建设规划（2014—2020)》和《关于加快推进绿满鄂州行动的意见》，进一步明确了要加强梁子湖的生态文明建设。特别是2016年，面对特大洪水，鄂州市委、市政府尊重自然规律，顺势而为，14个湖泊永久性退垸还湖，加上2013年面积逾万亩的涂镇湖已破堤重返梁子湖，大梁子湖水系将恢复到20世纪70年代的样子，真正实现了人水和谐，还湖于民、还湖于史、还湖于未来。

3. 项目计划

一直以来，围绕宣传绿色理念、实施绿色项目、培养绿色队伍三个主要方面，志愿者协会组织动员广大志愿者积极投身梁子湖生态环境保护工作。

经过几年的努力，在梁子湖流域植树达2万余株。2015、2016、2017年，连续三年在众筹网设计发布了"支持10元在梁子湖边种一棵爱心树""保护梁子湖，我们在行动""10元在梁子湖畔种一棵爱心树，保护鄂州人的母亲湖"公益植树项目，共筹资12.6万元开展植树造林活动，得到社会各界的广泛关注和大力支持。慢慢地，有多个社会志愿组织加入到保护梁子湖的行动中来，相关单位对梁子湖的生态文明建设也越来越重视，广大市民保护梁子湖的意识越来越强。

（1）支持10元，将在梁子湖畔对应种下一棵爱心树，支持者将收到电子爱心证书和感谢信。

（2）支持50元（含）以上，本人可参加植树活动；支持100元（含）以上，可以和家人（不超过3人）可参加植树活动。

（3）支持1 000元（含）以上，支持者可组织不超过10人团队参加植树活动，并为树木命名。

（4）支持5 000元（含）以上，支持者可组织不超过30人团队参加植树活动，并为成片的树林命名。

支持者可以认筹树苗，共筑梁子湖生态梦；也可以联系志愿者协会，报名成为一名保护梁子湖生态环境的光荣志愿者。

（1）筹款达到10 000元后，将在3月集中组织志愿者到梁子湖畔种下爱心树。

（2）遵循适地适树的原则，以当地树种为主，严选地块、进行造林设计、管护规划，确保成活率。

（3）整个项目实施，将及时发布项目进展情况。

（4）所有支持款项会完全公开明细，接受大家监督。

4. 项目结果

本次众筹目标筹资 10 000 元，获得筹资 13 981 元，共 141 人支持，其中支持 10 元为 70 人；支持 50 元为 13 人；支持 100 元为 22 人；支持 1 000 元为 2 人；支持 5 000 元为 1 人。共完成项目总额的 140%，本次众筹圆满成功。

（二）案例浅析

1. 精准的项目策划

作为一个公益项目，有必要在早期阶段进行准确的项目规划。公益性众筹是一个快速的过程，因此项目规划必须准确，也必须有创新。

2. 高质量的图片或视频，真挚的文字，多从细节入手

如果单单只是将公益项目拿出来让爱心人士捐款的话，在很大程度上是无法受到网友青睐的。我们要用真挚的文字、真实的图片，或者视频去引导，在不知不觉中完成公益众筹。

3. 有趣或实惠的回报

很多时候，我们会对回报产生浓厚的兴趣，如果我们能够增加一些有趣或实惠的回报，那么成功率会更高。

4. 发起人本身的影响力和发起人本身的故事

发起人自身的故事也非常重要，网民对发起人的信任和认同将大大提高公益众筹的成功率。

5. 打动最亲近的圈子，不要脱离群众的关注点来做公益众筹

一些慈善项目非常好，执行也非常积极，但它们无法引起人们的注意。如果我们不能很好地解决社会问题，那么这样的公益项目注定要失败，自然众筹也会失败。

（来源：众筹网，北京农学院李阳整理编写）

二、农业扶贫众筹牵手甜柿之乡案例分析

（一）项目简介

1. 发起人

该项目由黄冈电子商务协会会长段鹏、湖北农夫电子商务有限公司以及西厢房乡建联合机构乡创事业部联合发起。

段鹏，一个土生土长的黄冈人，长大后从乡村来到城市，做过公司的高管，投资过大型酒店，做过传统商贸代理。在外漂泊十多年，心里一直念念不忘的，还是家乡的乡亲们，他们依然贫困，段鹏一直想帮他们将辛苦种出来的

农产品销售出去，让农民脱贫，乡村复兴。2014 年，他当选为黄冈电子商务协会会长，考察了上百个农特产品，最后选中了罗田甜柿作为农业精准扶贫的重点产品。

湖北农夫电子商务有限公司位于黄冈市，目前拥有 70 多名员工。公司以人才为核心竞争力，目前大学以上学历员工已占员工总数的 82% 以上。湖北农夫电子商务有限公司业务网络遍及湖北，并逐步向全国其他省市辐射，赢得了众多企业的信赖和好评，在湖北地区逐渐树立起良好的品牌形象。

2. 项目背景

錾字石村是罗田县六个千亩以上"中国甜柿古树群落"中保存最好、规模最大的一个村，其中生长百年以上的甜柿古树 3 087 株，树龄超过 300 年的柿树 281 株，现存最老的甜柿树树龄有 483 年。它们是岁月的见证者，传承着老祖宗留下来的味道。

尽管拥有这么丰富的物产资源，但这里的村民却非常贫困。錾字石村地处三里畈镇北部边远山区，贫困户 109 户、274 人，人均年收入不足千元，依靠政府补贴艰难度日，是全县重点贫困村。帮助这些贫困户脱贫，让更多朋友品尝到来自大别山南麓独特风味的罗田甜柿，是段鹏最大的梦想。这个秋天，在西厢房乡建联合机构的感召下，段鹏又回到了罗田，在距离錾字石村 20 公里的荆楚家学第一村——苍葭冲，开始了自己的乡村创客生活。在 700 多年的古村落中醒来，读一卷诗书，品一茗葭茶，听一段大鼓，唱一首民谣，作为苍葭冲首批乡村创客，指导这里的村民创业，带动村民们通过销售罗田甜柿，实现苍葭冲和錾字石村的村民脱贫致富。

3. 项目计划

（1）支持 2 元。众筹成功结束后，每满 30 人，由众筹网官方抽出 1 名幸运用户，获得市场价值 59 元的新鲜罗田甜柿尝鲜装 5 斤装一份（约 25 枚）。不足 30 人，按 30 人抽取。

（2）支持 39 元。众筹成功后将获得源自罗田百年古柿子树上，新鲜采摘的市场价值 59 元罗田甜柿 5 斤装一份；罗田县人民政府感谢信一封；邀请您加入"家有喜柿"乡创乡筹微信群，且提供免费的快递服务。

（3）支持 365 元。将享有一棵百年古柿树为期一年的命名和挂牌权益，树牌上可以是您或者家人的姓名，对自己或者家人的愿望或祝福（20 字以内），专职农户为您看护。将获得：

①10 斤优选百年古柿树罗田甜柿礼盒装一份，市场价值 118 元；

②苍葭冲家学村伴手礼一份：罗田甜柿片礼盒装（138 克×8 罐），市场价值 256 元；

③罗田红米、黑米尝鲜装各一份（1千克装），市场价值60元；

④罗田县人民政府感谢信一封；

⑤邀请您加入"家有喜柿"乡创乡筹微信群。

(4) 支持1 314元。 将享有一棵百年古柿树为期一年的命名和挂牌权益，树牌上可以是您或者家人的姓名，对自己或者家人的愿望或祝福（20字以内），专职农户为您看护。您将获得：

①20斤优选鏊字石村甜柿礼盒装一份，市场价值236元；

②苍葭冲家学村伴手礼一份：罗田甜柿片礼盒装（138克×8罐），市场价值256元；

③罗田红米、黑米尝鲜装各一份（1千克装），市场价值60元；

④赠送苍葭冲价值999元两天一夜"一生一柿"乡居生活体验（西厢房·家学村住宿一晚，可携带1名10岁以下儿童+1次早餐+2次中餐+1次晚餐；乡居生活体验包括：上山摘柿子、苍葭书院品茶、观赏乡村电影、拓印花草）；

⑤罗田县人民政府感谢信一封；

⑥邀请您加入"家有喜柿"乡创乡筹微信群。

(5) 支持5 000元。 将预约成为罗田甜柿渠道代理商，合作事宜，单独沟通。

4. 项目结果

本次众筹目标筹资5 000元，获得筹资10 143元，共208人支持，其中支持2元为30人；支持39元为162人；支持365元为10人。共完成项目总额的203%，本次众筹圆满成功。

（二）案例浅析

1. 募资前就要建立社群基础

该公益众筹项目在设立专案前就开始经营自己的社群。首先要有个专业的网站，也要在主要的社群网站建立门户，并累积电子报的发送清单。其中电子报的订阅者尤其重要，这能保证在募资启动后拥有第一批忠实粉丝，他们不仅会在募资网站上成为项目的后盾，还会主动在社交圈宣传项目的专案。

2. 把握住"关键第一天"

募资活动成功与否，第一天具有决定性的影响。因为累积人气的多寡决定了专案在首页的曝光程度，而这会吸引更多投资人关注项目的计划。所以在活动启动当天，鼓动朋友、家人、社群粉丝去支持或分享，以提升募资活动的能见度。

3. 下苦功制作宣传视频

视频通常被放在最醒目的位置，要确保视频有足够的说服力，能够让人一看就爱上这个方案。

4. 不要害怕说出你的故事

支持者不只对产品有兴趣，他们也想了解项目，所以除了产品信息之外，说出一个好故事也很重要。该项目的募资之所以成功，是因为他们勇于说出当地的故事。当然，他们对于产品设计的坚持和理念，也触发不少支持者的赞助意愿。

5. 亲自回复每封邮件和讯息

一旦专案上架，询问或回馈的意见必定如雪片般飞来，这时候最好能够有耐心逐一回复，他们未来都可能是你最忠实的支持者。

（来源：众筹网，北京农学院李阳整理编写）

三、深山茶农传统手工制作铁观音春茶案例分析

（一）项目简介

1. 发起人

该项目由铁观音老茶舍陈桂丹发起。山区茶农陈桂丹，1962年出生于福建泉州安溪感德的一个偏远的茶乡深山区。1984年陈桂丹的儿子出生了，可是在2003年一场车祸夺去了她儿子的生命，儿媳再嫁人后无任何消息，留下一个未满月的小孙子，由她和丈夫两位老人抚养。家里世代以种制茶叶生活，茶商坐地压价，低价收购，微薄的收入，远远不够支撑一家人的生活费用。所以茶园平时由陈桂丹一个人管理，丈夫只有在制茶繁忙的季节回家帮忙做茶，平时都外出打工贴补家用。现在孙儿13岁了，在读初一，丈夫由于近几年操劳过度，经常身体不适，再也没办法出门打工了。希望可以通过众筹网这个平台，帮助这些茶农把自己辛辛苦苦制作的茶叶卖出去，也让喝茶人能喝到茶农的第一手茶，省去中间的多道流通环节。

2. 项目背景

感德镇产茶历史悠久，茶树资源丰富，茶叶品质优良，是名茶铁观音主产区之一。近年来，感德镇根据全镇茶叶生产实际和内外销市场的变化，适时提出"精品、优质、名牌"的茶叶发展战略，实施"建基地、创名牌、拓市场"的三步走战略。广大茶农在制茶工艺上，根据消费群体的不同需求，与时俱进，大胆实践，不断创新，生产出各种适销对路的茶叶产品，特别是积极探索推广空调制茶技术，更为安溪茶业的发展做出重大贡献。

3. 项目计划

（1）支持 38 元。 众筹成功结束后，将获得新茶春茶铁观音茶叶，安溪精品铁观音一盒 75 克（一盒 10 小包，一小包 7.5 克）。

（2）支持 88 元。 众筹成功后，将获得特级铁观音茶叶，2017 年安溪优质铁观音春茶新茶乌龙茶 PC 盒装 250 克一盒（一盒 32 小包，一小包 7.5 克）。

（3）支持 168 元。 特级铁观音茶叶，2017 年安溪优质铁观音春茶乌龙茶 PC 盒装 500 克一盒（两盒 64 小包，一小包 7.5 克）。

（4）支持 288 元。 特级铁观音茶叶，2017 年安溪优质铁观音春茶乌龙茶（兰花香）PC 盒装 500 克一盒（两盒 64 小包，一小包 7.5 克）＋精美冰裂茶具一套。

（5）支持 388 元。 新茶铁观音茶叶，特级安溪铁观音春茶（清香型）500 克铁盒装（2 盒，一盒 32 小包，一小包 7.5 克），如果需要高档礼盒装可留言。

（6）支持 688 元。 新茶铁观音茶叶，特级安溪铁观音春茶（清香型）散装 500 克，可留言自己想要的包装。

4. 项目结果

本次众筹目标筹资 666 元，获得筹资 2 936 元，共 66 人支持，其中支持 38 元为 11 人；支持 88 元为 9 人；支持 168 元为 5 人；支持 288 元为 2 人。共完成项目总额的 441%，本次众筹圆满成功。

（二）案例浅析

1. 良好的宣传方式

在众筹过程中，尽量增加项目描述的详尽程度，其中图片能够有效提升融资成功率，使投资者能够在第一时间，以最直观的方式对自己将要投资的项目有详细的了解。在该案例中，陈桂丹将自己茶社中的优质茶叶以及茶叶制作过程以图片、视频等方式向众筹支持者展示，让支持者更加直观地观看到众筹产品，极大调动支持者的积极性，以及众筹产品的可信度，使更多的人能够支持此次众筹。

2. 品牌效应强

感德镇面积辽阔，山势高低不同，海拔落差较大。可欣赏到气象奇观——云海、雾瀑、佛光、雾凇，美轮美奂，是闽南地区体验南国自然风光的唯美去处。

在感德境内，有被感德民众尊奉为"茶王公"的南宋爱国名人谢枋得，其所在的茶王公祠，如今已是感德镇每年举行茶王大赛的唯一地点。拥有如此强势的品牌效应，使得众筹更易成功。

（来源：众筹网，北京农学院李阳整理编写）

四、乡村幼儿教师众筹凯米农家小米案例分析

(一)项目简介

1. 发起人

该项目由河北省张家口蔚县宋家庄镇北口村世博幼儿园园长平晓荣发起。平晓荣40岁,6年前,凭着信心和勇气,同时也抱着为给村里的孩子能有学上这样一个目的,她开办了世博幼儿园。当时算上她自己的孩子只有4个小孩,经过努力,现在幼儿园已经招收了来自周围4个村的63个孩子,成为大山里一道靓丽的风景线。

2014年,她非常幸运地参加了乡村幼儿教师公益培训计划,培训让她在思想观念上有所改变,同时还让她有机会结识了全国各地的热心朋友,在他们的帮助下,幼儿园有了新课桌、新文具,小朋友们也有了新衣服。幼儿园还获得了热心朋友资助的多媒体发展包,在小山村引起了轰动。

村里小米收成好,可是家长们找不到销路,小米卖不出去,劳动还是换不成钱。平晓荣看在眼里急在心上,希望通过众筹让农家小米走出大山,让农民也和外面的世界连通,给孩子们带来更多的希望。

2. 项目背景

北口村,又名九龙村,位于河北省张家口市蔚县正南13公里的宋家庄镇,是飞狐峪的门户,紧邻著名的空中草原景区,地理位置优越,在古代是兵家必争之地。由于其独特的地理条件,夏天凉风习习,是众多游客避暑的胜地。北口村民风淳朴,村民热情好客。村子里的年轻人大部分都外出打工,剩下的老年人和妇女留在家里种点地。

蔚县小米的优势:

保证新米,黏度高,香气浓郁,口感好;价格实惠,性价比高;种植环境较原始,村里人还保留着传统的种植方式。

3. 项目计划

小米以10斤为单位包装,提供10斤、20斤、50斤和100斤等多种组合。也支持5斤包装。

(1)支持1元。

①用于给小朋友们购买绘本。

②非常感谢您对我们的支持,我们将在项目成功结束后,够50名抽奖一次。幸运支持者将获得凯米农家小米2斤,免邮费。

③抽奖视频将在微信里公布。经费使用情况将在微信中及时公开。

（2）支持 5 元。

①用于给小朋友们购买绘本。

②非常感谢您对我们的支持，我们将在项目成功结束后，够 20 名抽奖一次。幸运支持者将获得凯米农家小米 2 斤，免邮费。

③抽奖视频将在微信里公布。经费使用情况将在微信中及时公开。

（3）支持 10 元。

①用于给小朋友们购买绘本。

②非常感谢您对我们的支持，我们将在项目成功结束后，够 10 名抽奖一次。幸运支持者将获得凯米农家小米 2 斤，免邮费。

③抽奖视频将在微信里公布。经费使用情况将在微信中及时公开。

（4）支持 53 元。

①5 斤凯米农家自产小米，全国快递包邮。

②心意小赠品：微信或电子邮件方式发送幼儿园小朋友精彩画作一幅。

（5）支持 105 元。

①10 斤凯米农家自产小米，全国快递包邮。

②心意小赠品：微信或电子邮件方式发送幼儿园小朋友精彩画作一幅。

（6）支持 210 元。

①20 斤凯米农家自产小米，全国快递包邮。

②心意小赠品：微信或电子邮件方式发送幼儿园小朋友精彩画作一幅。

（7）支持 525 元。

①50 斤凯米农家自产小米，全国快递包邮。

②心意小赠品：微信或电子邮件方式发送幼儿园小朋友精彩画作一幅。

③将支持者照片精装做成照片墙挂在幼儿园（提供自己满意的照片或其他想展示的照片）。

（8）支持 1 050 元。

①100 斤凯米农家自产小米，全国快递包邮。

②心意小赠品：微信或电子邮件方式发送幼儿园小朋友精彩画作一幅。

③将支持者照片精装做成照片墙挂在幼儿园（提供自己满意的照片或其他想展示的照片）。

④在微信朋友圈中公开感谢支持者，并附上支持者相关信息或公司宣传语二维码等。

4. 项目结果

本次众筹目标筹资 5 250 元，获得筹资 9 279 元，共 100 人支持，其中支持 1 元为 10 人；支持 5 元为 10 人；支持 10 元为 11 人；支持 53 元为 29 人；

支持 105 元为 24 人；支持 210 元为 5 人；支持 525 元为 1 人；支持 1 050 元为 3 人。共完成项目总额的 177%，本次众筹圆满成功。

（二）案例浅析

1. 项目运行透明、高效

年轻、低门槛和强大的互动性，这些都是公益众筹的标签。农业部门的公益众筹也不例外。对于成为捐赠主体的 80 后、90 后，更符合他们接受和传播信息的习惯。与此同时，众筹的社会属性可以吸引更多的人参与慈善事业。它打破了传统公益活动的时空限制，使整个项目处于推广状态，投资者之间的分享和互动可以产生更积极的沟通效果，可以最大限度地体现开放式众筹的优势。

2. 众筹形式的选择

公益众筹，顾名思义，即不求回报，是单纯的捐赠行为，创意者无需向投资者提供任何形式的回报，投资人更多的考虑创意项目给自己带来的满足感。通常而言，创意项目具有一定的良好寓意或者对社会发展有一定的积极效应。

公益众筹类别包括助学、助贫、关爱留守儿童等。公益众筹不受时间空间限制，信息交换简单便捷，成本相对传统公益较低。最重要的一点，公益众筹可以还原社会本质，它会给我们带来一个和谐美好的家园。此外，公益众筹门槛低，无论是爱心组织、注册机构，还是单独的个人都可以发起公益众筹项目，较传统公益方式更为简单开放。"面向广大群体，服务社会大众"是公益众筹的核心本质。该项目选取公益众筹的形式，使项目圆满成功。

（来源：众筹网，北京农学院李阳整理编写）

五、贫困村黎明的曙光案例分析

（一）项目简介

1. 发起人

项目的发起人是礼县秦殇助农团队。

苟望军，1992 年出生，毕业于兰州职业技术学院，现任礼县龙林乡电商专干。

王周亮，1991 年出生，毕业于甘肃农业大学，现任礼县秦舫电子商务有限责任公司总经理。

礼县秦殇助农团队长期致力于西部农村公益活动发展、西部农村精准扶贫及西部贫困农村发展建设。

自"叔叔您要吗？为孩子们众筹一片蓝天——留守儿童的心愿"项目在社会爱心人士的大力支持取得成功后，助农团队又马不停蹄地亲自考察了地处礼县龙林乡的一个特贫村落水坪村，继而再次发起众筹，为该村的儿童送去一份呵护，为老人送去一份温暖，为村庄送去一点曙光。

2. **项目背景**

水坪村位于甘肃省礼县南部，是龙林乡的贫困村之一。全村气候高寒阴湿、年均气温9℃，海拔2 100米，共有耕地面积不足200亩，其余全为山林覆盖。水坪村共64户、301人，2013年建档立卡贫困人口达55户、261人，2014年度贫困发生率为92％。随着越来越多的年轻人进城务工，这个曾经充满欢声笑语的古老村落变成了寂静笼罩的老人村。整个村子里仅有2名青年人，这是一个多么让人酸楚的数字。村里的留守老人不仅要劳作于田间地头，还要承担起抚养孙子孙女的重任。老人们在默默操劳的同时，内心还承受着对子女的思念以及孤独寂寞的煎熬。几乎没有经济来源的窘迫处境逼迫他们在本该含饴弄孙、颐养天年的时光里，还在从事繁重的农业生产活动。随着留守老人们年龄的增大，他们的身体也每况愈下，遭受各种急慢性病痛的折磨，是大多数留守老人所共同面对的残酷现实。

为了改变这种现状，秦殇助农团队发起了本次众筹。通过本次众筹希望能获得5 000株野生乌龙头种苗移栽资金，然后将众筹获得除去回报成本资金，无偿提供给愿意回家的年轻人，让他们在这片古老的土地上种下希望，让他们陪在老人和孩子身边，让他们在亲情的鼓励下创造一片属于自己的蓝天。

几千年来，大山深处的人们靠采摘野菜自给自足。如果能让外界的人们品尝到深山的野味，就能给山里的人们带来脱贫的希望。然而这里山大林深，野菜并没有那么好采摘，苗木移栽也困难重重。苗木大多分散在陡崖峭壁上，植株茂密、藤蔓裹脚，一不小心就会有滑落的危险，要从其中挖取5 000株野生优质苗木更是困难。对于水坪村愿意回家的年轻人，给予他们众筹资金支持，让他们在秋季来挖取移栽5 000株乌龙头苗木。

3. **项目计划**

刺五加（五撮蝶）是口味很好的野菜，一般以凉拌为主，还具有特好的药效：抗疲劳、增加机体的免疫力、调节病理过程、抗衰老、抗菌消炎等。

核桃花即核桃花柱，又称核桃纽、长寿菜、龙须菜。含有丰富的磷脂，有益于增强人体细胞活力，促进人体造血功能，能有效降低血脂、胆固醇，预防动脉硬化。食用方法可凉拌或核桃花炒腊肉。

老树核桃全部采摘于自家院落周围的百年老树上，其皮薄、味香、独特风味、营养丰富。苦格菜由甘肃省礼县秦源山地野菜开发有限责任公司提供，是礼县人们餐桌上必备的下饭菜。

众筹成本主要包括以下几项：

(1) 支付农户提供的自家产的野菜产生的成本。

(2) 支付农户提供的其他回报农土特产产生的成本。

(3) 包装费用（包装费用由礼县秦觞电子商务有限责任公司赞助）。

(4) 快递及各项运输费用。

(5) 其他费用。

众筹结束后将在村委会及主办方的监督下进行成本核算。成本之外的部分无偿提供给回乡的青年人，并督促他们去实施家乡的脱贫产业计划。这些资金主要用于农具采购、荒废农田的重新开垦、野菜移栽、种植培养等。

4. 回报方式

(1) 支持 20 元。

①众筹成功结束后，由众筹网官方抽出 1 名幸运用户，获得由水坪村村民亲自晒干的原生态刺五加（五撮蝶）3 袋共 150 克

②水坪村村民亲自晒干的原生态核桃花 3 袋共 150 克。

③由甘肃省礼县秦源山地野菜开发有限责任公司提供的苦格菜 2 袋共 200 克（多次支持只得 1 个抽奖号）。

(2) 支持 49 元。 获 500 克纯天然野菜大礼包：

①水坪村村民亲自晒干的原生态刺五加（五撮蝶）3 袋共 150 克。

②水坪村村民亲自晒干的原生态核桃花 3 袋共 150 克。

③由甘肃省礼县秦源山地野菜开发有限责任公司提供的苦格菜 2 袋共 200 克。

④水坪村移栽乌龙头林地旁立爱心牌题名。

（可根据自己喜好，选择①、②、③中特定某种回报，其余重量将加在您指定的回报上）

(3) 支持 89 元。 获 1 000 克纯天然野菜大礼包：

①水坪村村民亲自晒干的原生态刺五加（五撮蝶）4 袋共 200 克。

②水坪村村民亲自晒干的原生态核桃花 4 袋共 200 克。

③由甘肃省礼县秦源山地野菜开发有限责任公司提供的苦格菜 6 袋共 600 克。

④水坪村移栽乌龙头林地旁立爱心牌题名。

（可根据自己喜好，选择①、②、③中特定某种回报，其余重量将加在您指定的回报上）

(4) 支持 149 元。获 1 200g 纯天然野菜、1 000 克原生态老树核桃大礼包：

①水坪村村民亲自晒干的原生态刺五加（五撮蝶）6 袋共 300 克。

②水坪村村民亲自晒干的原生态核桃花 6 袋共 300 克。

③由甘肃省礼县秦源山地野菜开发有限责任公司提供的苦格菜 6 袋共 600 克。

④贫困村提供的原生态优质老树核桃 1 000 克。

⑤水坪村移栽乌龙头林地旁立爱心牌题名。

（可根据自己喜好，选择①、②、③、④中特定某种回报，其余重量将加在您指定的回报上）

(5) 支持 189 元。获 1 200 克纯天然野菜、2 000 克原生态舌笑老树核桃大礼包：

①水坪村村民亲自晒干的原生态刺五加（五撮蝶）6 袋共 300 克。

②水坪村村民亲自晒干的原生态核桃花 6 袋共 300 克。

③由甘肃省礼县秦源山地野菜开发有限责任公司提供的苦格菜 6 袋共 600 克。

④贫困村提供的舌笑原生态优质老树核桃 2 000 克。

⑤水坪村移栽乌龙头林地旁立爱心牌题名。

（可根据自己喜好，选择①、②、③、④中特定某种回报，其余重量将加在您指定的回报上）

(6) 支持 289 元。获纯天然野菜、老树核桃超级大礼包：

①水坪村村民亲自晒干的原生态刺五加（五撮蝶）6 袋共 300 克。

②水坪村村民亲自晒干的原生态核桃花 6 袋共 300 克。

③由甘肃省礼县秦源山地野菜开发有限责任公司提供的苦格菜 6 袋共 600 克。

④贫困村提供的原生态优质老树核桃 5 000 克。

⑤水坪村移栽乌龙头林地旁立爱心牌题名。

⑥享有礼县秦舫电子商务有限责任公司会员待遇，公司企业淘宝上在线商品 9 折优惠 5 次。

（可根据自己喜好，选择①、②、③、④中特定某种回报，其余重量将加在您指定的回报上）

(7) 支持 500 元。获纯天然野菜、舌笑老树核桃豪华大礼包：

①水坪村村民亲自晒干的原生态刺五加（五撮蝶）6 袋共 300 克。

②水坪村村民亲自晒干的原生态核桃花 6 袋共 300 克。

③由甘肃省礼县秦源山地野菜开发有限责任公司提供的苦格菜 6 袋共 600 克。

④贫困村提供的原生态优质老树核桃 7 000 克。

⑤水坪村移栽乌龙头林地旁立爱心牌题名。

⑥享有礼县秦筋电子商务有限责任公司会员待遇，公司企业淘宝上在线商品 9 折优惠 9 次。

⑦连续两年（2017 年 4 月、2018 年 4 月）免费尝鲜该移栽乌龙头林新鲜乌龙头 500 克。

（可根据自己喜好，选择①、②、③、④中特定某种回报，其余重量将加在您指定的回报上）

5. 项目结果

本次众筹目标筹资 5 000 元，获得筹资 5 111 元，共 72 人支持。其中支持 20 元为 3 人；支持 49 元为 2 人；支持 89 元为 1 人；支持 149 元为人；支持 189 元为 1 人；支持 289 元为 0 人；支持 500 元为 2 人。共完成项目总额的 103%，本次众筹圆满成功。

（二）案例浅析

1. 发起人目光独到

年轻的团队有活力、有热情、积极向上，有创意想法、创业激情及爱心。

2. 聚集群众力量，众筹成功

在互联网飞速发展的今天，无论是信息传播，还是快捷支付都得到了广泛应用，这给公益众筹奠定了坚实的发展基础。借助互联网传播和网络支付技术，公益众筹打破了传统公益在时间、空间上的限制，实现更快速的汇集大众力量，帮助到更多有需求的困难人群。

（来源：众筹网，北京农学院李阳整理编写）

六、助农增收　甜"蜜"脱贫案例分析

（一）项目简介

1. 发起人

项目的发起人是蒲花艳，一名普通的基层工作者，自参加工作以来，一直扎根在偏远乡镇。在"互联网＋"与地方特色产业深度融合的电商扶贫进程中，她一直坚持学习，和众多的扶贫工作者一样不断探索，力求用好政策，解好民忧，办好民事。扶贫不是抱贫，在等待输血的同时更要学会造血。

长在农村的蒲花艳深知农民生活的不易，面朝黄土背朝天的劳作换来的收入却是屈指可数。帮助贫困农户脱贫、扶持广大群众增收是党和政府共同的心愿。我们愿意在发展和变迁中乘风破浪、奋勇前行。在扶贫工作的一线撸起袖子加油干，以扎实优良的作风回馈人民，服务"三农"。

2. 项目背景

赵志彦老人是村里的老支书，家里有 6 口人，老伴身体不好，女儿一直在外照顾上学的两个孩子，家里仅靠女婿在村庄附近干点零活以及老人的村干部报酬、政府的生态补贴等为主要收入来源。可这些远远不够负担家里的各项生活开支。

老沟村几乎家家都养蜂，这已经成为当地的一种产业。2016 年成立了福源养蜂专业合作社，老支书更是把蜜蜂当成宝贝，精心照料，每天他穿梭在山林间，给宝贝蜜蜂筑巢安家。4 月正是收蜂的季节，他更是忙得不亦乐乎。青翠的山林，五颜六色的花海，蜜蜂在林间嗡嗡飞舞，在花海徜徉，就着和煦的阳光，连空气中都弥漫着甜蜜的气息。

迷坝乡距离康县县城 78 公里，属偏远乡镇。老沟村又属迷坝乡的偏远村，地势偏远、交通落后、经济基础条件差。目前全村 38 户中就有 32 户贫困户，贫困发生率高达 82%。

村里农户世代以务农为主，受基础条件和自身能力使农户很难将大山里的宝贝运送出去，更没有其他可以利用的发家之道。老人希望通过互联网让优质的农产品销售全国各地，让农村经济发展有新的增长点，让贫困户脱贫有新的希望。

3. 项目计划

如果此次众筹成功，除去包装和邮寄费用，其余资金将全部交给老沟村，作为村级集体资金积累，进一步发展养蜂产业。将在第一时间公布资金流向，提供影像资料，以便监督实施。

回报方式：

（1）支持 30 元。 众筹成功结束后，由众筹网官方抽出 1 名幸运用户，获得正宗土蜂蜜 500 克（多次支持只得 1 个抽奖号）。

（2）支持 55 元。 回报正宗土蜂蜜 500 克。

（3）支持 100 元。 回报正宗土蜂蜜 1 000 克。

4. 项目结果

本次众筹目标筹资 1 000 元，获得筹资 1 272 元，共 64 人支持。其中支持 30 元为 3 人；支持 55 元为 4 人；支持 100 元为 3 人；无私支持者共 54 人，共完成项目总额的 128%，本次众筹圆满成功。

（二）案例浅析

1. 聚集群众力量，众筹成功

在互联网飞速发展的今天，无论是信息传播，还是快捷支付都得到了广泛应用和日新月异的发展，这给公益众筹奠定了坚实的发展基础。借助互联网传播和网络支付技术，公益众筹打破了传统公益在时间、空间上的限制，实现更快速的汇集大众力量，帮助到更多有需求的困难人群。

2. 可持续发展，消费和投资的演变

公益众筹与传统捐赠不求回报不同，公益众筹在一定程度上要求必须提供"回报"。该项目选择公益众筹的方式，一方面能够帮助发起人深入挖掘公益项目的社会价值及内在责任；另一方面也能激发服务群体的主观能动性，在一定程度上解决了传统捐赠模式"被动等待施与"的问题。

在公益众筹中，优质的众筹项目可以提供部分收费服务，同时得到理念相同的广大群众支持；而经过维护和沉淀后的支持者，能够成为公益项目和团队的稳定支持群体，协力推动公益的可持续发展。

（来源：众筹网，北京农学院李阳整理编写）

安邦坤 . 股权众筹在多层次资本市场中的定位概论 [J]. 现代管理科学, 2015 (2): 82 - 84.

陈波, 彭一扬, 罗荷花 . 众筹融资绩效影响因素研究——基于京东众筹的实证分析 [J].
    浙江金融, 2018 (3): 3 - 10.

陈清萍, 鲍晓华 . 融资约束、金融发展与我国企业出口产品质量——基于银行信贷和商业
    信贷的双重视角 [J]. 现代财经 (天津财经大学学报), 2014, 34 (5): 36 - 46 + 83.

崔煜雯, 郭丽芳, 戴宏, 马家齐 . "互联网＋" 视域下农业众筹风险防范机制构建研究
    [J]. 北方园艺, 2019 (2): 186 - 190.

冯婧婷 . 农业众筹的风险控制与防范 [J]. 银行家, 2016 (7): 99 - 101.

龚鹏程, 王斌 . 我国股权众筹平台监管问题研究 [J]. 南方金融, 2015 (5): 56 - 58, 76.

何临, 李华, 杨碧波, 等 . 北京休闲农业众筹融资现状与发展探析 [J]. 农业展望, 2017,
    13 (8): 18 - 24.

胡吉祥 . 众筹的本土化发展探索 [J]. 证券市场导报, 2014 (9): 4 - 10 + 15.

黄健青, 辛乔利 . "众筹"——新型网络融资模式的概念、特点及启示 [J]. 国际金融,
    2013 (9): 64 - 69.

黄漫宇, 李若男 . 农业众筹项目融资绩效影响因素的实证分析 [J]. 统计与决策, 2018,
    34 (11): 172 - 175.

黄欣乐, 张小龙, 刘飞翔 . 农业众筹的优势、风险及发展对策探讨 [J]. 福建农业学报,
    2015, 30 (9): 914 - 918.

贾立, 何晨菲 . 我国股权型农业众筹的困境及发展思路探究 [J]. 西南金融, 2017 (12):
    29 - 34.

京东金融 [EB/OL]. https: //z. jd. com, 2018 - 06 - 25/2018 - 06 - 26.

蓝俊杰 . 我国股权众筹融资模式的问题及政策建议 [J]. 金融与经济, 2015 (2):
    52, 57 - 60.

李玫, 刘汗青 . 论互联网金融下对股权众筹模式的监管 [J]. 中国矿业大学学报 (社会科
    学版), 2015, 17 (1): 24 - 31.

李倩, 王璐瑶 . 中国股权众筹运作模式及风险研究 [J]. 沈阳工业大学学报 (社会科学
    版), 2015, 8 (5): 436 - 441.

李雪静 . 众筹融资模式的发展探析 [J]. 上海金融学院学报, 2013 (6): 73 - 79.

李湛威. 股权众筹平台运营模式比较与风控机制探讨 [J]. 当代经济，2015 (5)：36 - 39.

廖曦，胡安·冈萨雷斯·加西亚，廖传惠. 农业众筹融资：中美两国的发展现状及未来 [J]. 对外经贸实务，2015 (10)：23 - 26.

林婷婷. 股权众筹风险防范研究 [D]. 杭州：浙江大学，2018.

刘明. 论私募股权众筹中公开宣传规则的调整路径——兼评《私募股权众筹融资管理办法（试行）》[J]. 法学家，2015 (5)：95 - 104，178.

刘银波. 奖励性众筹融资绩效影响因素研究 [D]. 广州：华南理工大学，2016.

吕正英，顾锋，李毅，郑嘉. 众筹产品定价策略研究 [J]. 管理现代化，2016，36 (1)：76 - 78.

马永保. 股权众筹市场准入条件的多视角分析 [J]. 现代经济探讨，2015 (10)：50 - 54.

苗文龙，严复雷. 众筹融资、项目选择与技术进步 [J]. 金融经济学研究，2014，29 (4)：118 - 128.

邱勋，陈月波. 股权众筹：融资模式、价值与风险监管 [J]. 新金融，2014 (9)：58 - 62.

苏宁金融 [EB/OL]. http://jinrong.suning.com，2018 - 06 - 25/2018 - 06 - 26.

淘宝众筹 [EB/OL]. https://izhongchou.taobao.com，2018 - 06 - 25/2018 - 06 - 26.

万魏. 国外股权众筹监管发展及监管模式对我国的启示 [J]. 西南金融，2016 (7)：38 - 43.

汪欢. 众筹——国内一种新型融资方式研究 [J]. 金融视线，2017 (36).

王安琪. "互联网＋"背景下农业众筹面临的机遇与挑战——以"大家种"网为例 [J]. 电子商务，2015 (9)：42 - 43＋79.

王学言，史兹国，周海花. 国内众筹平台众筹成功的影响因素实证研究——基于"淘宝众筹""人人投""众筹网"实证分析 [J]. 电子商务，2018 (10).

位东，孟德锋，万紫璇. 基于众筹理念探索传统零售模式的变革路径 [J]. 青海金融，2018 (9)：33 - 36.

魏可新. 大众参与众筹行为影响因素的实证研究 [D]. 杭州：浙江财经大学，2013.

夏恩君，李森，赵轩维. 国外众筹研究综述与展望 [J]. 技术经济，2015，34 (10)：10 - 16＋125.

向娟，张榕锋. 互联网金融背景下我国股权众筹的发展前景研究 [J]. 当代经济，2016 (1)：20 - 21.

肖本华. 美国公众小额集资模式的发展及启示 [J]. 证券市场导报，2013 (5)：50 - 54＋61.

徐妍，陈美方，许兴登. 农业众筹的发展现状及推进路径 [J]. 宏观经济管理，2016 (5)：66 - 68.

薛继增. 金融产品创新对银行信贷运行的影响 [J]. 上海金融，2010 (6)：89 - 92.

杨东，黄尹旭. 中国式股权众筹发展建议 [J]. 中国金融，2015 (3)：63 - 66.

杨龙刚. 股权众筹中投资者保护法律制度研究 [D]. 武汉：华中师范大学，2016.

杨守富，李超婧，吴丽婷，王欢. 基于层次分析法的休闲农庄众筹影响因素研究 [J]. 农村经济与科技，2018，29 (19)：113 - 117.

叶莉，张林，陈立文. 金融改革实验区金融创新与监管动态响应机制研究——基于美国金融创新产品的衍生逻辑视角 [J]. 财经科学，2012 (8)：20 - 29.

尹辉.互联网金融股权众筹产品质量评价研究［D］.济南：山东师范大学，2016.

尹亚萍.对股权众筹投资者保护问题的研究［J］.时代金融，2017（36）：324 -327.

于洪涛.农业众筹前景广阔道路曲折［N］.中国县域经济报，2015-07-02.

曾江洪，黄睿.众筹模式投资者感知价值维度研究［J］.中南大学学报（社会科学版），
2015（3）.

张利霞."互联网＋"背景下我国股权众筹市场发展研究［J］.改革与战略，2016，32
（3）：140-143.

张薇，刘旭锟，罗旭辉."互联网＋"时代休闲农业众筹发展途径解析——以北京花仙子
项目为例［J］.安徽农业科学，2018，46（27）：128-129＋142.

张雅，孙晓辉.农业众筹的起源、特点与未来［J］.中国农业大学学报（社会科学版），
2016（6）：96-105.

张亚枝.惠州农业众筹发展问题探究［J］.金融理论与教学，2017（1）.

赵尧，鲁篱.股权众筹领投人的功能解析与金融脱媒［J］.财经科学，2015（12）：28-36.

赵咏梅.众筹中投资者参与动机影响因素的研究［D］.北京：对外经济贸易大学，2013.

郑海超，黄宇梦，王涛，陈冬宇.创新项目股权众筹融资绩效的影响因素研究［J］.中国
软科学，2015（1）：130-138.

众筹家.2016 中国农业众筹发展研究［EB/OL］.http：//www.zhongchoujia.com/data/6f89219c-
c895-439b-8978-ee61a0207dcf.html，2019-01-12/2019-01-12.

众筹家.2017 中国众筹行业发展年报［EB/OL］.http：//www.zhongchoujia.com/data/
27000.html，2018-06-25/2018-06-26.

众筹家.中国众筹行业发展报告 2017（上）［EB/OL］.http：//www.zhongchoujia.com/data/
29029.html，2019-01-08/2019-01-08.

众筹家.中国众筹平台评级报告（2017）［EB/OL］.http：//www.zhongchoujia.com/data/
28813.html，2019-01-08/2019-01-08.

周逸翰，史琰鹏.众筹项目成功度影响因素研究——基于项目发起者的质量信号视角［J］.
新经济，2016（9）：7-10.

朱莉静.农业众筹，正创造一片"蓝海"［J］.营销界（农资与市场），2014（23）：45-47.

中关村众筹联盟.2016 中国股权众筹行业发展趋势［J］.中关村，2016（2）：44-47.

Ahlers G K C，Cumming D J，Guenther C，et al. Signaling in equity crowdfunding［EB/
OL］.［2012-10-14］. http：//ssrn. com/abstract＝2161587.

Ajay K. Agrawal，Christian Catalini，Avi Golodfard，Some Simple economics of Crowdfund-
ing［R］. 2013（6），NBER Working Paper：1-31.

Ajupov Ajdar Ajratovich. Some Definitions of Risk - Engineering in the Market of Innovative Finan-
cial Products［J］. Procedia - Social and Behavioral Sciences，2015（188）：242-245.

Bradford C S. Crowdfunding and the federal securities laws［J］. Columbia Business Law Re-
view，2012，21（6）：1081-1154.

Bryan Sullivan，Stephen Ma. Main Drivers of Crowdfunding Success：A Conceptual Framework and Empirical Analysis [D]. Master Thesis Rotterdam School of Management, Erasmus University, 2014.

Colombo M G, Franzoni C, Rossi‐Lamastrac. Internal social capital and the attraction of early contributions in crowdfunding [J]. Entrepreneurship Theory and Practice, 2015, 39 (1): 75‐100.

DE Buyserf K, Gajda O, Kleverlaan R, et al. A framework for European crowdfunding [J/OL]. [2012‐10‐29] www. europecrowdfunding. org/european _ crowdfunding _ framework.

Eleanor Kirby, Shane Worneri. Crowdfunding: An Infant Industry Growing Fast [C], 2014, (8), NET Institute Working Paper Series: 1‐57.

Gerber E, Hui J, Kuo P Y. Crowdfunding: Why People are Motivated to Post and Fund Projects on Crowdfunding Platforms [C] // Computer Supported Cooperative Work. 2012.

Griffin Z. Crowdfunding: fleecing the American masses [J/OL]. [2012‐03‐14]. http: //ssrn. com/abstract=2030001.

Hee Min Choi, Bong Hwan Ko, So Young Sohn. Designing a business model fo financial products for cultural heritage in the Korean market [J]. Journal of Cultural Heritage, 2010 (11): 315‐320.

Hemer J. A snapshot on crowdfunding [Z]. Working papers firms and region, 2011.

Joan Macleod Heminway. Investor and Market protection in the Crowdfunding Era: Disclosing to and for the "Crowd" [J]. Vanderbilt Law Review, 2014 (38): 827‐839.

Joenssen D W, Michaelis A, Mullerleile T. A link to new product preannouncement: success factors in crowdfunding [J/OL]. [2014‐08‐06]. http: //ssrn. com/abstract=2476841.

Kleemann F, Gunter G, Rieder K. Un (der) paid innovators: The commercial utilization of consumer work through crowdsourcing [J]. Science, Technology & Innovation Studies, 2008, 4 (2): 5‐26.

Kuppuswamy V, Bayus B L. Crowdfunding creative ideas: The dynamics of projects backers in Kickstarter [J], The Economics of Crowdfunding, 2013.

Lambert T, Schwienbacher A. An empirical analysis of crowdfunding [J/OL]. [2010‐03‐34]. http: //www. crowdsourcing. org/document/an‐empirical‐analy‐sis‐of‐crowdfunding‐/2458.

Ley A, Weaven S. Exploring agency dynamics of crowd‐funding in start‐up capital financing [J]. Academy of Entrepreneurship Journal, 2011, 17 (1): 85‐110.

Paul Belleflamme, Cecilia Vergari. Incentives to Innovate in Oligopolies [J]. The Manchester School, 2011, 79 (1) .

Schwienbacher A, Larralde B. Crowdfunding of small entrepreneurial ventures [M] //Handbook of entrepreneurial finance, Oxford University Press, 2010.

Uriel S. Carni. Protecting the crowd through escrow [J]. Fordham Journal of Corporate & Financial Law, 2014, 19 (3): 681‐706.